EVO-LOSE-ION

CIENCIAS DEL TIEMPO

DE KEYAN ORTIZ.

¿Por qué no ser los protagonistas de nuestra propia historia?

El ser humano y el potencial que trasciende miles de años en el futuro.

Léeme:

Estimado Lector:

Muchas gracias por adquirir mi obra, espero humildemente que la disfrutes y obtengas una buena historia para acompañar tus tazas de café, me gustaría recompensar el esfuerzo que hoy en día implica adquirir un libro, y en general, ser escogido entre miles de autores muy talentosos, razón por la cual he decidido reembolsarte hasta el %50 del dinero que has pagado por este escrito. Solo debes seguir los siguientes pasos:

1. Ve a la pestaña de pedidos, selección Evo-Lose-Ion: Ciencias del Tiempo y déjame una calificación, crítica constructiva o comentario en forma de reseña en la caja de comentarios.
2. Envíame un correo electrónico a **keyanortiz@outlook.com** con el número de cuenta a dónde quieres que se te haga tu descuento, acompañado de una captura de tu calificación y comentario, espera unos días y recibirás el 50% de tu dinero pagado por este libro de vuelta.

Recibe de mi parte un cordial saludo y un abrazo. Espero que lo que estas apunto de leer llene tus expectativas y te regale un gran momento de entretenimiento.

Atentamente: Keyan Alexis Ortiz Morales.

CAPÍTULO I

LA UTOPÍA DE LOS NARCISISTAS

1.   El Huérfano Intolerable.

Cuando quieres algo con tanta desesperación, puedes hacer dos cosas: Esperar hasta que la vida te sonría, o buscar una y otra vez la forma de traer aquello que anhelas a ti. Al mirarme al espejo y analizar mi semblante aparentemente inocente, noto como las células que le rodean se tornan de color morado, asimismo las ojeras que rodean mis ojos tomando el aspecto de un mapache se hinchan levemente, y alrededor de aquellas delineaciones, me percato que son invadidas por pequeñas grietas como las de la madera, el color café claro de mi piel y el violeta, dejan una sola expresión en mi rostro, que significan algo; estoy agotado y deprimido. *(Dicha imagen fue guardada en mi memoria después de lavarme la cara en el baño estilo camerino del lugar en el que me encuentro).*

Me gustaría platicar porque me encuentro acabado en el ámbito físico y emocional, y la historia que estoy a punto de contarles, es sobre como el caos cambió mi vida para siempre. Mi nombre es Daniel Finguerly, y me gusta describirme a mí mismo como científico, soy el moreno flacucho con cabello alborotado de la pandilla, y la gente me describe normalmente como el pedante que trabaja en un centro de antropología con un salario promedio, ya que los estudios y el grado de preparación que tengo, deja mucho que desear para lo que poseo hablando de riquezas y logros personales.

Actualmente trabajo en el *Departamento de Tecnología Antropológica y de Historia Universal y Mundial (DTAHUM)*, con sede en Ciudad de Antiguo México, por dos razones, primero que nada, porque quise seguir el camino que tomó mi difunto padre Mauricio Finguerly, quien murió en compañía de mi madre cuando yo tenía tan solo 3 años de edad, y segundo porque me fascina el entendimiento general del universo, con todas sus leyes. Soy un creyente fiel de la historia, ya que toda trayectoria de conocimiento registrada por algún ser humano esta descrito explícitamente dentro de ella, aplicando así una teoría del todo que nos ayuda a saber dónde estamos y hacia donde nos dirigimos, es como viajar en el tiempo; una ley aparentemente fuera de la comprensión del hombre *(hasta ahora)*. No es un secreto que hoy en el año 5004, existe una investigación que nos puede permitir viajar por el tiempo.

Durante muchos años, he realizado estudios para que la manipulación del tiempo sea una realidad, pero... hace mucho tiempo, alguien se infiltró en mi área de trabajo y robó información clasificada de mi institución, para crear una iniciativa privada llamada Ciencias del Tiempo, una enciclopedia digital a la cual solo tuvo acceso una distinguida porción de gente privilegiada, que pudo accesar libremente a ésta, únicamente con millones de *gemas* en el bolsillo.

Todo lo anterior sucedió sin que alguien pudiese si quiera señalar a la compañía masiva que distribuyó esta información, la *CORPORACIÓN PÚLSAR*. La vida da muchos giros, y tengo conocimiento de que ésta investigación fue catalogada como riesgosa para la humanidad por una organización pública llamada *INSTITUTO DE PREVENCIÓN CONTRA DESASTRES DE LA INTELIGENCIA (IPCDI)*. Por lo tanto es mi derecho reclamar el acceso a ésta, primero porque contribuí a la creación de la misma, y segundo por ser funcionario de investigación del gobierno terrestre, con privilegio a acceso a información con alto grado de peligrosidad *(dije, o pensé en voz alta)*.

- Señor Daniel Finguerly - decía el hombre que escuchaba mi discurso, sentado a mitad del gran auditorio - el prodigio de los científicos modernos, según contó una casa periodística de alto prestigio hace 11 años. Quien, tiene los doctorados en Filosofía, Psicología, Nanotecnología, Física y Robótica Innovadora, tiene en su ser implementaciones robóticas en un total de 2.4%, y en su totalidad cerebrales. Usted no es la inocente mariposa que está tratando de vendernos.

El lugar en el que me encuentro es un oscuro auditorio con gradas con vista circular al escenario, ahí estoy yo, atado a una silla como si alguien me hubiese sentenciado la pena de muerte, mis ataduras son sofisticados mecanismos que analizan mis emociones y señales cerebrales, es notorio que me encuentro en una situación un tanto bochornosa, sin mencionar que la persona para la que tengo que hablar me está provocando un asco vomitivamente preciso.

Ese de ahí es Damian Hoffman, un reformado traidor que consiguió un sospechoso puesto en la institución que decide quien merece conocimiento y quién no. Que sea él quien me entreviste parece una patética casualidad que roza lo sínico, no sé si debo pensar que esto es un desafortunado accidente, o tal vez se trate del desesperado intento de enemigos del pasado, para evitar que yo recupere aquello que me robaron.

\-   Como funcionario del *IPCDI* – siguió – es mi deber investigar qué clase de personas vienen a hacer una entrevista, y usted tiene antecedentes turbios, oscuros y violentos con respecto a su actualización evolutiva.

Las *Actualizaciones Evolutivas* son computadores diminutos conectados al cerebro biológico humano, que tienen la función de potenciar la capacidad de razonamiento y comprensión del mismo, además de adaptar modalidades en la vista a base de estimulaciones en zonas cerebrales, encargadas de concretar imágenes en la vista de los ojos, y así poder crear una interfaz, que a su vez, puedes controlar con la mente (es como tener una computadora en el cerebro), y que de igual forma, sirve para controlar tecnologías externas. No obstante ello, muchas partes del cuerpo pueden ser reemplazables con otro tipo de *"actualizaciones"*, para tener otro tipo de capacidades físicas. Todos los humanos de mi época, tienen una actualización evolutiva, y esperadamente Damian Hoffman utilizó la suya para incrustar en el cerebro de los jueces y junta directiva, un video que muestra como presuntamente golpéo a otro niño a los trece años utilizando micro tecnología en estado líquido. Fácilmente podría decir en mi defensa que es un video falso, si no fuera porque fue testiguado por un auditorio lleno de ricos.

Mantuve la calma y traté de enfriar mi sangre para que no se me notara el desprecio de aquel entrevistador, cuya única virtud es cuestionar todo lo que se le pone enfrente. Él es un *ignorantizador,* una figura que se encuentra presente en todas las casas de estudio de los mundos, y siempre son regulados por el *Instituto de Prevención Contra Desastres de la Inteligencia,* también conocido como el *"IPCDI".*

El trabajo del *Ignorantizador* es negar/resignar o hacer todo lo posible para que el postulado no obtenga más conocimientos, toda vez que el conocimiento es poder, y siempre es más peligroso un genio chiflado que un loco con un rifle de asalto. Además de que es más difícil hacer la entrevista, que lo que tardarás en añadir un nuevo universo de neuronas en tu masa cerebral genéticamente modificada. Si fuera otro imbécil el que me estuviese entrevistando, sería fácil, pero a este en particular lo odio, y él me odia a mí, tan es así que fue a prisión por mi culpa, y después yo me quedé con su puesto en el *"Departamento de Tecnología Antropológica y de Historia Universal y Mundial"(DTAHUM).* La prisión en estos tiempos es cómo conocer el mismo infierno. Pero ahora, está en libertad, condicionando y juzgando a la gente ambiciosa como él.

Cuando yo recién empecé a trabajar en el departamento, descubrí explosivos diseñados para autodestruir los servidores y así borrar los avances de proyectos futuristas dedicados al descubrimiento de la verdad histórica, ciencia que ya no se imparte ya que viene incluida precisamente en los antecedentes de cada una de nuestras carreras, de principio a fin, sospechosamente aquellos explosivos podrían tener la misma reacción que la que llevó a mis padres a la muerte.

- Señor Daniel – continuó – a todo lo que acaba de soltarme, es imposible por no decir peligroso, que usted obtenga un sexto Doctorado en la carrera de Ciencias del Tiempo.

La manipulación del tiempo en caso de que usted encuentre la manera de hacerlo, combinado con todos sus conocimientos, puede ser algo contraproducente para la humanidad en lugar de ser algo benéfico, ¿Qué pretende? – Preguntaba de manera tan rápida que no daba lugar a responder – ¿Hacer que nuestro universo dé un pantallazo azul? ¿Dañar el espacio tiempo, para que todos incluido usted, sean destruidos?

- Los riesgos – respondí – los conoceré en cuanto tenga la información en mi cerebro. Lejos de ser una amenaza he demostrado día con día, acción con acción que no soy una persona que utiliza métodos radicales y peligrosos, como colocar explosivos en servidores para destruir operaciones de emprendimiento, en caso de que mis planes fracasen.

- No le permito – gritó, golpeando el escritorio, mientras se ponía de pie – que mezcle mis acciones y planes que me tomaron años de descubrimiento y arduo trabajo, con su sed de poder Finguerly. Yo tenía planes de vida que se fueron por la borda para que después llegase un bueno para nada, como usted, y encontrara la meza puesta. Claro, no puede concluir con la investigación que yo empecé, porque no tiene el conocimiento – con una mueca optimista y burlona – necesita Ciencias del Tiempo – susurró – y ahora viene de rodillas ante mí, o mejor dicho, con una cara hipócrita y altanera a suplicar que se le den las herramientas, para que pueda completar sus últimos proyectos profesionales.

- Damian Hoffman – dije con objetividad – usted lo único que hizo por Ciencias del Tiempo fue tener una membresía de cliente distinguido de *CORPORACIÓN PÚLSAR*, usted no estaba investigando nada porque simplemente pagó con recursos del instituto. Usted no es más que un traidor y una sabandija con una lista de contactos pudientes.

La sala completa hizo una pausa, aquellos ancianos calvos que se escondían tras el imponente *ignorantizador* con el 70 % del cuerpo reemplazado con prótesis robóticas susurraban siniestramente. De reojo miraba brevemente a la gente que atestiguaba mi entrevista, emanaban un severo interés por saber lo que sucedería.

- Deben rechazarlo – exclamó Damián.

- ¡Eso! – exclamé con ironía – no es bueno gritar errores de otros al aire libre, principalmente si esos otros conocen tu vida al derecho y al revés – lo miré fijamente a los ojos mientras él solo colocó su cara de tonto. Sabía que lo había destruido – espero que estés satisfecho de haber llegado tan lejos – dije mientras fruncía el ceño y me levantaba, *"el mató a mis padres"* (pensé levemente) entonces una luz en mi brazo derecho se encendió de color rojo.

- Ten por seguro que lo estoy – señaló – la máquina dice que tuviste sentimientos hostiles hacia mi persona.

La gente comenzó a susurrar nuevamente, a lo lejos notaba como los hombres calvos se retiraban, las transmisiones habían finalizado y el veredicto de los jueces y de la inteligencia artificial era anunciado en un gran letrero frente al escritorio de Damian:

"RECHAZADO".

-              Los señores de la junta no te darán Ciencias del Tiempo, aunque vengas de rodillas.

Hiciste lo que quería que hicieras, sentiste lo que quise que sintieras, espero que eso te demuestre que siempre estarás por debajo de mi Finguerly, ¡Lárgate! – gritó mientras reía siniestramente.

2.   Un Caos Repleto de Orden.

Salí del auditorio, sudoroso y frustrado por la arrogancia de Damián Hoffman, aflojé mi corbata negra, mientras sacudía mi camisa elegante del mismo color, que a su vez, estaba empapada en sudor, mientras destapaba, con la otra mano y con los dientes, una botella de agua de marca *lishensua vitality,* que me habían obsequiado antes de la entrevista. Del otro lado del pasillo se levantaba impaciente y un tanto nervioso, mi colega del trabajo y gran amigo mío Jorch Gonzáles, un chico guapo de raíces mexicanas, cuya descendencia permanecía en un mestizaje impecable. Jorch caminó hacia mí mientras fumaba un cigarrillo, su corbata color vino se tambaleaba de un lado a otro por lo rápido que caminaba. Su saco azul mostraba luces destellantes, una vestimenta extravagante si tienes un gran autocontrol, ya que el traje interactúa con tu estado de ánimo, si quieres hacer una buena presencia podrás lucir como la persona más brillante, literalmente, del sitio.

- 		Daniel – me dijo Jorch con una sonrisa un tanto preocupada – ¿te dieron la enciclopedia verdad?

Negué con la cabeza haciendo una mueca.

- 		Ese tonto de Damián Hoffman – dije – fue mi entrevistador, y me hundió con la máquina de emociones explosivas.

El traje de Jorch pasó de brillar de un azul claro a un verde brillante.

- ¡Que insolencia! – dijo Jorch apretando los puños a sus costados – te dije que omitieras pensar en tus padres, lo practicamos a noche un millón de veces, más aún si te encuentras con Damián Hoffman – hizo viscos intentando comprender lo que sucedía – ¿Cómo fue que ese tonto consiguió trabajo en el *IPCDI*?

- No pude evitarlo González, estuve tan cerca de quitarles la licencia, – respondí – pienso que un viejo ex amigo de la *CORPORACIÓN PÚLSAR* tuvo las manos metidas en todo esto, y Damián siempre ha sido un canalla.

Jorch Sonrió recordando el nombre de la sentencia que tuvo Damián.

- Confinamiento solitario reflexivo en otra dimensión, no suena muy agradable – comentó.

- La prisión de estos tiempos es el infierno mejor imaginado del hombre – referí – te conectan a un vacío virtual donde no comes, no sueñas, no duermes y parece una eternidad – añadí.

- ¿A qué clase de genio se le habrá ocurrido ese nombre?

- Es notorio que buscaba venganza – afirmé – por hacerle pasar esa experiencia tan agradable.

- Pero es mejor – dijo Jorch – que explotar y salpicar con tus extremidades a los civiles más cercanos.

- Calla o te borraré la memoria – advertí bromeando.

Jorch sonrió, mientras me daba una palmada en la espalda.

- ¡Tranquilo! – me dijo mientras colocaba entre sus dientes el cigarrillo – yo intentaré hacer la entrevista para tener esos datos.

- ¡Sí claro! – respondí – y pasarás a la historia como el tipo que provocó la primera paradoja temporal. Sonrió. Caminamos riendo por el pasillo sin importar el escándalo que estábamos haciendo.

Abordamos un vagón individual de la red de transporte terrestre, el cual es muy parecido aún automóvil convertible, cierra y abre el techo según las necesidades del usuario, la diferencia radica en que éstos tienen el camino trazado por una vía metálica parecida a la de una montaña rusa, supuestamente la red de vías sirve para evitar accidentes y el tráfico infernal, a veces es mejor no mirar por la ventana, cuando hay mucha gente utilizando ésta red, las trayectorias de todos los vehículos se cruzan de manera brutal, por lo tanto en los puntos aglomerados podrías creer que chocarás con cincuenta vehículos a la vez, aunque eso nunca ocurre, pero es aterrador. Al subir, el traje de Jorch volvió a la normalidad.

-        Es como dijo aquel robot psicópata de la *"singularidad*[1]*"* – citaba Jorch a la fecha donde la inteligencia artificial superó el cerebro humano – *"las emociones humanas son un obstáculo que los llevarán a su propia destrucción"*.

-        ¡Si claro! – exclamé – y luego bloquearon su señal a la *red global*, lo formatearon y utilizaron sus extremidades para hacer floreros.

-        El caso es que aprendimos una lección que Damián Hoffman, a pesar de ser de los más inteligentes, de los más fuertes y de los más disciplinados no entiende, se deja llevar por su ira y su paranoia. Ahora, si fuera un poco más como Samuel Hobson o como Court Slim tal vez podría saber Ciencias del Tiempo y poder utilizar sus conocimientos.

-        Ahí vamos de nuevo – dije colocando los ojos en blanco.

-        El caso es que hay gente más disciplinada y más pudiente, *"Damián Hoffman"* – en tono burlón, proseguía Jorch – tienen cosas como esas carreras tan importantes en bandeja de plata.

Arqueé las cejas mirando a Jorch fijamente, para hacerle saber que lo que estaba diciendo es muy estúpido.

---

[1] Advertimiento hipotético sobre la superación de inteligencia y poder que impondrá sobre la humanidad por la inteligencia artificial propuesta por el físico matemático John von Neumann en 1957.

- Bueno me refiero – continuó sonriendo de manera sarcástica – a que es contada la gente que tiene el privilegio de acceder a esa información – corrigió – está, por ejemplo, Jenny Grace de Marte, es una súper genio, y físicamente espectacular, o bueno no nos vayamos muy lejos, aquí en Antiguo México hay una persona que sí te supera por mucho.

- Muy bien señor conocedor de todos los genios – referí siguiendo el juego de Jorch – a parte de tu fantasía robot sexual Damián Hoffman ¿quién más crees tú que me puede superar?

- *"Jonny Orozco"* Por ejemplo.

Uno de los pasatiempos de mi mejor amigo Jorch es molestarme citando gente de la época que me supera una y otra vez. Mi época está plagada de súper genios, pero hay uno que simplemente con el hecho de escuchar su nombre, hace que me dé una rabia tremenda, *Jonny Orozco*, el canalla que se hizo pasar por mi amigo para robarme toda la investigación de Ciencias del Tiempo y luego venderla a la *CORPORASIÓN PÚLSAR* por millones. Hay que reconocer que mi investigación no estaba completa, y solo un genio de proporciones colosales podría resolver los rompecabezas que me atoraban una y otra vez, nada fuera de lo común cuando hablamos de *la evolución humana encarnada,* un adolecente que ha nacido con una fisionomía superior a cualquier humano conocido de manera natural. Algunos científicos estiman que podría ser expuesto al espacio exterior sin consecuencias.

- Así es mi amigo – continuó Jorch – *"La Evolución Humana Encarnada",* o mejor dicho *"La Arrogancia Humana Encarnada",* a pesar de darnos las primeras bases para entender y estudiar la materia del tiempo, claro, a costillas de mi estimado Daniel Finguerly, está a punto de sacar un nuevo avance después de años de vacaciones, según aparece la noticia en mi cerebro. Y con el dineral que se le otorgó por lograr retroceder 8 minutos al pasado por fin nos deslumbra con una nueva ampliación de su trabajo. Es curioso, aunque no sorprendente que el primero en revisarla es tu gran ídolo el *DR. FILMNESS BERFLOWSQUI PRESIDENTE DEL IPCDI.*

- Yo juré algún día superarlo, pero si no consigo esa carrera jamás podré salir de este hoyo.

- La única persona por la que te arrodillarías si tuvieras la oportunidad, quiere comenzar una nueva investigación sobre vida extraterrestre. Tal y como tú lo dijiste, la manera más versátil de saber si tal vida existe es ver con tus propios ojos, supuestos avistamientos alienígenas en el pasado. ¡Parece que el doctorcito ya te está ganando! – exclamó al cerrar su discurso.

- Vaya González – dije con los dedos en la barbilla – finalmente después de tanto balbuceo dices algo útil, efectivamente, si hay un avance de conceptos significa que puedo hacer otra entrevista.

- Solo tratemos de evitar a esos Ciborgs metiches que se esconden de bajo de tu cama.

Sonreí. Regresamos a mi apartamento en el número 84 de la calle Tenochtitlán, piso 50, Interior 4, Centro Interno Mundial de lo que solía ser México, en este caso, denominado cómo, el Antiguo México, refiriendo la zona de la entidad mundial, la cual prevaleció y conserva a la fecha los antiguos nombres para conservar de igual manera las costumbres y culturas. Específicamente esta zona, como muchas en el mundo, tiene un bunker bajo la tierra, enorme, del tamaño de la ciudad, con diferentes niveles, e interconectado con varios edificios para manejar la sobrepoblación (que fue regulada con el paso del tiempo), sin necesidad de destruir las áreas verdes de nuestro planeta, caro, pero a largo plazo benefactor, aunado a que la nanotecnología juega un papel primordial. También existen pequeños nano robots llamados *torniviva (tienen el aspecto de abejas metálicas),* que se encargan de hacer limpieza a fondo en todos los edificios de la ciudad y del mundo, ya que es obligatorio por lo menos tener una enredadera alrededor de toda tu estructura, todas las edificaciones se ven verdes, marrones, con flores, como inmensos árboles, todo eso combinado con la arquitectura moderna crean una vista mágica de noche, ya que es como si la naturaleza tuviera de verdad seres mágicos viviendo en ella, pero no, somos nosotros, aquellos que casi la matamos en algún punto de la historia y ahora cuidamos el medio ambiente (solo porque nos conviene, claro). Regresando, los *torniviva* se encargan de limpiar la humedad provocada por las plantas en los edificios y a combatir las plagas en ellas para que no se deterioren y se caigan.

Abrí la puerta corrediza de cristal (con la mente, y mi casa inmediatamente, nos reconoció. Sirvió wiski a las rocas en dos vasos de la vitrina con sus brazos de *líquido inteligente,* que tiene el aspecto de un hilo grueso, que se mueve lento pero fluido, éste y varios brazos que tiene mi casa solo sirven como un asistente (que controlas con la mente), pero existen otros más complejos, más pequeños en cuanto a los micro robots que los componen, y más impresionantes. Arrojé mi maletín al sillón, y fui a buscar ese delicioso wiski que me llamaba desde lejos, con ese aroma tan seductor, el cual, me tragué de un sorbo, me raspó levemente la garganta, y sentí el calor que te deja en ella, di uno a Jorch quién hizo lo mismo, e inmediatamente nos encerramos en mi cuarto de conexión a la *red sistemal,* me senté en el sillón blanco del centro, con Jorch a mi lado, e iniciamos una búsqueda de seminarios al público para obtener Ciencias del Tiempo II en fechas más cercanas después del Dr. Filmness.

El problema con los humanos es que en estos tiempos tenemos tanto poder que no sabemos ni qué hacer con él. Ya no existen guerras, ni pobreza, ni discriminación, ahora, nuestro único problema es nuestra ambición de siempre querer más, es por eso que la felicidad es muy abstracta, ya que a pesar de ya no tener cosas por las cuales sufrir, seguiremos encontrando otras que nos hagan sufrir, en mi caso: quiero dejar mi nombre grabado en la historia de mi especie para siempre, y a estas alturas, es muy difícil, por no decir imposible hacerlo. Los avances desde ciertas eras tecnológicas humanas, son tan grandes que terminan siendo insignificantes, a menos de que hagas algo más grande que tu propio mundo y esa es más o menos mi idea.

Aparentemente dentro de la vida cotidiana, lo más cercano que tenemos a viajar por el tiempo, ver cómo era la vida en ciertas épocas, solo se puede ver entrando a internet.

Puedes navegar de manera rápida e instantánea, y para hacerlo, solo tienes que pensar en el sitio que quieres visitar y aparecerás en él. Es como caminar por las calles del mundo real, a diferencia de que no sientes frio, ni calor, ni absolutamente nada, pero puedes ver al resto de gente que lo visita, de igual manera, socializar, hablar, e incluso tocar.

Los sitios de la web, son los edificios, o las casas dependiendo de lo grande que sea el prestigio, y lo más importante, la cantidad de información que tiene, así como lo grande que es un edificio de una alta corporación, así también será el sitio web en categoría.

Entramos a un gran edificio que parecía un cine, con una cartelera dónde aparecían los eventos más próximos acerca de los avances de la ciencia e innovaciones humanas. Me distraje leyendo un artículo relacionado con tensión interplanetaria. Pensaba en por qué la humanidad deseaba conquistar nuevos mundos, y luego recordé que era para provocar el primer conflicto armado bélico entre planetas. La ciencia ficción diría que la guerra entre planetas constaría de naves, rayos láser, luces y cosas así, pero la realidad supera la ficción, y una guerra entre planetas es algo que a nadie le conviene, ni a los gobiernos mundiales, ni a nosotros los científicos, ni a los civiles, ni a nadie. La imagen de aquel cartel era la tierra explotando como una sandía siendo atravesada por una bala.

- 		Daniel – susurró Jorch – ¡aquí!

Me acerqué, y ni siquiera supe cómo reaccionar a la imagen, un cartel ridículo de un payaso, con un tubo de ensayo, vertiendo un líquido color rosa brillante sobre un reloj de bolsillo. Personalmente, sentí una combinación de indignación y vergüenza al verlo. Encima del cartel, con unas letras 3D de color negro que decían: *"Ciencias del Tiempo para Chiflados"*, debajo en unas letras más pequeñas color negro: *"Jonny Orozco"*. Poco tiempo después empezó a sonar una ridícula música de circo, el payaso nos miró fijamente, y dijo:

- 		¡No sean tímidos!, Vengan a compartir los nuevos avances tecnológicos para los payasos. Ajua ajua ajua ajua.

Mientras estiraba sus largos brazos, con guantes blancos, y nos salpicaba del estúpido líquido que tenía dentro del tubo de ensayo, nos abrazó, y nos metió a la fuerza dentro de la puerta que se abría a sus espaldas justo detrás del cartel donde prevalecía. En una sala de cine oscura, ambiente de 1990, dejé de gritar, pero Jorch no dejaba de suplicar y citar la misma frase: *"¡No me hagas daño!"*, como 7 veces, antes de darse cuenta de que estábamos a salvo.

El auditorio estaba en un silencio absoluto, flotaban unas letras cursivas que decían: *"artículo publicado hace un minuto"*. Había una energía tétrica en aquel sitio, de pronto la pantalla enorme se encendió, y se reprodujo un comercial de vodka en dibujos animados, un hombre de caricatura, en blanco y negro, con extremidades estiradisas, en un plan de tiras cómicas caminaba bailando al ritmo de la música, mientras bebía la botella de vodka de marca *"Tonic Ultra"*, se acercaba a una mujer caricaturesca con un gran trasero y un busto de tamaño exagerado, con un tono muy machista para mi gusto, el hombre de caricatura intenta seducir a la mujer de manera muy retrograda.

- ¿En qué época vivimos? – preguntó susurrando Jorch.

Contraste a la luz, solo una persona estaba visitando el sitio, una silueta delgada, con barba, un anciano, pero en forma y de buena salud, uno de esos hombres viejos súper angelicales.

- ¿Es quién creo que es? – preguntó Jorch.

- Espero que te equivoques – respondí.

Nos acercamos y pasamos por el pasillo angosto, para sentarnos a lado de él y ver su rostro, al sentarnos, los asientos corredizos rechinaron, de inmediato me di cuenta de que él sabía lo que estábamos haciendo y pensando. Yo solo podía ver su silueta dentro de aquella oscuridad, entonces sin voltear dijo:

- Creí que la ingeniosa publicidad del muchachito Jonny Orozco alejaría a los curiosos.

- ¡Anti publicidad! – susurró Jorch.

- Los prejuicios, - dijo – son abominables para la mayoría de la gente, y seguramente un insulto a su inteligencia llamarlo *"Ciencias del Tiempo para Chiflados"*. Cualquier persona con un coeficiente intelectual promedio diría que Jonny Orozco es un maldito arrogante que se cree superior.

- ¿Y no es cierto? – pregunté.

- ¡Claro que es cierto! – dijo en un tono optimista – pero eso no le quita lo genio.

Todos nosotros, después de que tenemos la vida prácticamente regalada, somos unos pedantes ignorantes, pero ¿Qué sucede si naces con una enfermedad extraña que nadie conoce?, todos te prestan atención, tú nacimiento y crecimiento es documentado para la posteridad, y luego justo cuando todos se dan cuenta que crecerás como un retardado mental, gracias a que la medicina es inútil con tu anatomía, y no pueden adaptar prótesis evolutivas, creces 3 meses, y todos los doctores son incompetentes comparados contigo, luego dejas a todo el mundo en ridículo porque no era una enfermedad, si no el nuevo espécimen de la evolución humana, y qué por el simple hecho de existir, crecer, y tener una vida completamente normal significa dejar tu huella.

\-   Es claro que la arrogancia sea parte de él – referí – es el niño rico que nace teniendo todos los lujos y comodidades a su merced.

\-   Es Tarzán siendo criado por los gorilas – interrumpió – es más inteligente, pero los gorilas no ven su verdadero potencial, ni lo peligroso que puede llegar a ser, y nosotros estamos casi al final del potencial de Tarzán, ahora nos toca ser los gorilas.

\-   Estamos hablando de una nueva *"singularidad*[2]*"*.

Volteó a verme, y por fin pude ver su rostro, era el Dr. Filmness Berflowsqui. Sentí un escalofrío, un poco de vergüenza, felicidad, muchas emociones, tantas cosas que no supe cómo reaccionar.

\-   La diferencia hijo, – contestó – de la singularidad a Jonny Orozco es que esta es nuestra descendencia inevitable, y la singularidad fue nuestra sed insaciable. ¿Notas cómo es que los patrones nunca dejan de aparecer?

Quería contarle acerca de mi investigación, pero recordé que él quiere hacer el mismo experimento de comprobación que yo, nunca dejará de ser mi ídolo, pero por este momento es mi competencia.

\-   Claro que sí señor, los patrones son parte de la vida y la existencia misma.

\-   La inteligencia superior está basada en patrones, orden y luego...

\-   ¡Desorden! – interrumpí.

"Maldito" (pensé)

---

[2] *El cada vez más rápido progreso tecnológico y los cambios en el modo de la vida humana, dan la apariencia de que se acerca alguna singularidad esencial en la historia de la raza humana más allá de sus propios asuntos, tales como los conocemos, no puede seguir. John von Neumann 1957.*

No por el hecho de odiarlo, pero ¿por qué él tenía que buscar exactamente lo mismo que yo?, lo cual es estúpido, porque es como hacer un revuelo por comprar una tarjeta coleccionable, cuyas especificaciones la hacen que sea única e invaluable, por lo tanto, muy cara, y así, me hace desear esa maldita tarjeta de cartón más que a nada.

-        La humanidad – continuó – está en su punto preciso de perfección, ¡de orden, hijo!

-        Por lo cual siguiendo el patrón – dije – basándonos en las teorías de sistemas dinámicos complejos, los sistemas tienden a desordenarse. Lo que no está muy claro ¿es por qué todo era tan ordenado en el principio?En la propia la humanidad, hijo, es la inteligencia lo que lleva a un orden por lo que basándonos en esa regla...

-        El Universo se ordena y se desordena Dr. Filmness, es como un botón de reiniciar, es nuestra madre haciendo el aseo en el cuarto, es este mundo virtual por el cual podemos sentarnos a ver comerciales ridículos de vodka y tomar tinto, a pesar de que nos encontremos en cuerpos celestes diferentes, por consiguiente las leyes del universo desordenarán aquello que ordenamos.

-        Y considerando – insistiendo a mis intentos por hacer que se callara – que somos omnipotentes a nuestra escala ¿sugieres que nuestra naturaleza es creada por un ser como nosotros?

-        Fuerza, energía, no ser, lo que llamamos naturaleza, es una mente, no un cuerpo – evidentemente con eso quise dar el mismo argumento que todo el montón de científicos, aunque prácticamente la verdad estaba en las palabras del doctor.

-        ¿Pero no descartas la idea?

-        Tendría que verlo con mis propios ojos.

-        Y por eso quieres investigar Ciencias del Tiempo.

Tragué saliva y susurré:

-        Si.

Jorch me miraba fijamente.

-        Hagamos una cosa – comentó el doctor – el descubrimiento de vida ajena a la humanidad no es mi ambición, sin embargo, su descubrimiento me abre las puertas para poder proceder a mis propios intereses, por eso es que te cederé la autorización para que aprendas Ciencias del Tiempo. Todo lo que descubras será tuyo, junto con toda la gloria que conlleva. Sé que no hay persona más preparada que tú para esto; Daniel Finguerly.

Jorch me miró, y yo lo miré a él, mi corazón, todos y cada uno de mis sentidos revoloteando en un sentimiento aleatorio inenarrable, tragué saliva, a pesar de que lo estaba viviendo no lo podía creer, mi ídolo cediéndome el camino al éxito.

-        ¿Seríamos algo así como socios? – dije.
-        Amigos – dijo él.

3.   Seres Perfectos sin Emociones.

La pantalla se iluminó de una luz blanca, casi cegadora, muy brillante, y salieron en evolución grabaciones de las diferentes guerras a lo largo de la historia, cambiando de cuadro y de época en cuestión de milisegundos, en perfecta calidad, como si se tratara del trabajo de un documentalista moderno, explosiones, sangre y caras precisas de héroes antiguos fueron revelados por una persona, quien apareció sentado de piernas cruzadas en un sillón de terciopelo. Lo único que deseaba, era que no dijera que había logrado retroceder más de cinco mil años, y entonces habló:

-     He logrado retroceder más de cinco mil años.
-     ¡Desgraciado! – susurré.
-     ¿Perdón? – dijo el Dr. Filmness.
-     ¡Nada! – respondí.

A pesar de que la gente como yo, suele hablar más del comportamiento insolente de Jonny Orozco, tiene rasgos físicos muy interesantes, su piel comprende un color lechoso que además de ser sumamente atractivo, es resistente a la radiación, al calor extremo a una escala considerable, a los rayos ultravioleta y a muchas de las hostilidades del universo. Tiene un cabello largo, negro, completamente alborotado, sus ojos son grandes y la pupila abarca una distancia considerablemente alta, ya que puede ver a distancias larguísimas, creemos que su nacimiento evolucionado tiene que ver con que proviene de un linaje de astronautas atletas que realizan disciplinas de juegos virtuales en el espacio, específicamente es una de las pocas profesiones en las que necesitas una formación académica, no es algo que puedas descargar en tu memoria como Ciencias del Tiempo, por el contrario, debes enriquecer tus habilidades físicas y mentales para ser muy bueno. Los profesionales son realmente asombrosos, y su padre es uno de los mejores de los mundos.

La realidad virtual hace que podamos volar en un mundo sin reglas, que puede llevar las capacidades físicas del ser humano al límite, son utilizados también para entrenar a los elementos de la milicia, y prácticamente está relacionado con todo lo que tenga que ver con deporte; vuelas, respiras en el espacio, compites contra otros, etc. Y eso es un referente natural, ya que el ADN mejora fallas latentes para la supervivencia de la especie, irónicamente un hombre que se la vive flotando en el espacio, y explotando su cerebro al límite con dinámicas de supervivencia, tuvo un hijo resistente a las hostilidades del espacio y además, con una súper inteligencia tremenda *(Jonny Orozco)*.

El torneo interplanetario anual de los videojuegos es el más conocido e increíble de ellos, también es conocido como *"Las Nuevas Olimpiadas"*.

-        Personalmente creo – seguía Jonny – que los libros de Ciencia Ficción el día de hoy pasan a ser la fantasía más absurda, y el miedo mejor aliviado para el ser humano, rotundamente creo que ustedes amables interesados en mi trabajo, pierden el tiempo intentando investigar algo; que lejos de ser caótico, es indiscutiblemente inofensivo. El tiempo es inalterable, a conclusión de este ilustre científico que se tomó la molestia de investigarlo en sus tiempos libres.

Así que amables integrantes de la *Junta Directiva del Instituto de Prevención Contra desastres de la Inteligencia*, creo que la carrera de Ciencias del Tiempo debería ser una enciclopedia familiar y para todos, ya que disculpen por el spoiler: <u>solo podemos mirar los acontecimientos</u>

<u>pasados, y no alterarlos</u>, y resulta ser una carrera informativa y no innovadora.

Ya sabrán qué hacer con ella, por mi parte, disfrútenla y sean capaces de asistir al día de su propio nacimiento sin ningún tipo de miedo a provocar una paradoja.

Sin más que decir reciban de mi parte un fuerte abrazo y me despido, yo soy Jonny Orozco autor de la enciclopedia Ciencias del Tiempo, hasta después.

La gran pantalla se apagó y salió en mi cabeza: *"Repetir Tráiler"* frente a otras publicidades y vídeos antiguos de Jonny.

-        Al menos Damián Hoffman – decía Jorch susurrando – dejará de estar frustrado contigo, porque creo que el cretino de Orozco acaba de opacar su investigación como si fuera un cuento de fábulas para niños.

Ahora parecía que descubrir cualquier cosa sería como hacer una búsqueda en Google. Hipócritamente no me mencionó ninguna vez para darme algún crédito. Apreté los dientes.

-        Ese muchacho – decía el Dr. Filmness – es asombroso.

Me moría de la envidia de solo escuchar esas palabras.

-        Sin duda alguna – prosiguió – no será una enciclopedia pública, es exactamente lo que necesitamos tú y yo.

-        Dr. con todo respeto – dije – si él puede retroceder en el tiempo mientras se rasca el trasero con una mano y se come un sándwich con la otra, ¿qué posibilidades tenemos nosotros de desarrollar algo que él no puede crear a la hora de la siesta? ¿qué pasará cuando todos sean como él?, sin duda alguna todo lo que sabemos que es complicado hoy será como sumar 2 + 2 el día de mañana.

Me sentía más frustrado y pesimista que nunca, con un nudo en la garganta, a punto de soltar lágrimas de impotencia.

-        Creí que eras más inteligente Daniel – afirmó – el mundo no te recuerda por hacer cosas difíciles, el mundo te recuerda por hacerlo primero, *ahí tienes a Albert Einstein y su estúpidamente fácil ley de la relatividad*[3], tal vez hoy esa ley suena fácil, es posible que tu manejes esos principios mejor que él, pero al final quien la descubre se llevará el crédito, y será recordado por hacerle la vida más fácil a la siguiente generación, en su época fue un verdadero quebradero de cabeza, y por eso, es un maldito héroe.

-        Además eso que dijo – agregó Jorch – de que quiere que todo el mundo tenga acceso a esto me huele a gato encerrado, ¿para que querría que todo el mundo sepa Ciencias del Tiempo?

-        Ese es el punto jóvenes – mirándonos fijamente – El juego psicológico es esencial para desacreditar a cualquiera que haga cosas pequeñas con esta carrera, pero para nosotros, será algo legendario, y un golpe a la humanidad que ni siquiera Jonny Orozco podrá superar con facilidad, retroceder cinco milenios es nada a desenvolver miles de millones de años, y el fruto es más descubrimientos, está es una herramienta pero no el objetivo, Daniel, podemos descubrir vida además de la que conocemos, por lo tanto ampliar las leyes de la física hasta niveles inigualables jamás antes conocidas.

Está carrera no solamente será limitada, será indiscutiblemente difícil de conseguir, de eso me encargo yo, el poder ahora es infinito, y no podemos arriesgarnos a que algún loco de los números encuentre la manera de destruir no solo nuestra civilización, sino el universo mismo.

-        La Inteligencia Artificial decía que tenía a su merced la fórmula para acabar con nosotros y con todos, pero lo único que nos hace seres vivos ahora son nuestras emociones, por eso no importa que tan inteligentes seamos. Si algún día perdemos nuestras emociones

---

[3] Chiste ofensivo, cuya única intención es agregar un toque más realista a la situación, al ego del personaje y referenciar al narcisismo creciente, al punto estúpidamente avanzado del futuro donde se desarrolla la historia. **Con esto no se busca ofender al lector ni a la memoria del citado por lo que se sugiere discreción.**

seremos seres perfectos, pero sin vida, por lo que da igual si nos extinguimos o no, no importaría nada en ese punto.

\- Por eso joven Daniel – decía el doctor con una mueca – hay que evitar a toda costa que nuestro conocimiento se convierta en algo irreversible, ahora más que nunca sé que eres la persona precisa para hacer este proyecto conmigo, tienes las ideas muy claras y firmes.

Te veré el día de mañana a las 8:00 a.m. en el *Instituto de Prevención Contra Desastres de la Inteligencia* para darte tu doctorado en *Ciencias del Tiempo,* tu licencia de portador de conocimientos masivos y las llaves de tu nuevo laboratorio. Solo lleva tu renuncia del *DTAHUM.*

Volteé a ver a Jorch con una sonrisa inconsciente, se veía desanimado y deprimido, su vestido no brillaba.

\- Pues buena suerte Daniel – dijo – me alegro mucho por ti.

\- Joven Jorch – dijo el Doctor – tú también tienes que renunciar porque tú también trabajarás con nosotros.

\- Enserio – dijo Jorch con una sonrisa.

\- También te conozco y sé que tú querías ser militar del *IPCDI.*

\- ¿Nos conoce? – pregunté.

\- Claro que los conozco – dijo Filmness – junto con todo el historial académico de ambos, ¿qué creían?, ¿que los invité porque me cayeron muy bien?, yo sabía que los vería aquí, y sabía que vendrían.

\- Eso da un poco de miedo – dijo Jorch.

\- Digamos que cuando estudian cualquier cosa peligrosa se ponen en alerta en el departamento donde trabajo, y tenemos la obligación de investigarlos antes de que hagan alguna tontería. En fin, nos vemos mañana.

El Dr. Filmness Berflowsqui desapareció en ese instante.

\- Por un momento olvidé que estábamos en una maldita página web – dijo Jorch.

\- Si yo igual, la realidad virtual es un poco.

-        Real – concluyó Jorch.

-        Si.

4.   Maldita Disciplina.

Jorch y yo nos desconectamos de la *red sistemal* e inmediatamente nos vimos cara con cara, para finalmente abrazarnos y gritar: *"lo logramos amigo, lo logramos"*.
Corrimos al bar a tomar wiski, mientras Jorch me comentaba cual anticuada era la decoración de mi departamento.

- Pronto este ridículo blanco con naranja tendrá que terminar, tu departamento en la luna, debe ser mucho mejor que está cosa pasada de moda.
- Maldita sea Jorch – grité – tendremos que mudarnos a la maldita luna.
- Por favor dime que no vas a desistir de trabajar con el Dr. Filmness sólo por qué tienes que mudarte a la luna.
- Ni siquiera lo había pensado.
- Bravo, ¡literal! Que inteligencia la tuya. ¿Y así te haces llamar de los más inteligentes? ¿Cuándo no consideras algo como una mudanza a otro cuerpo celeste?, eres extraordinario Daniel Finguerly, ¡Te has superado a ti mismo!
- Cierra la boca y déjame pensar.
- No hermano, por favor no me hagas esto, ¿qué carajos pretendes? ¿Dejar todos tus sueños a un lado solo por no salir de tu maldita zona de confort? ¿Igual que cuando te ofrecieron el trabajo de inventor en Marte?
- De Marte a la Luna prefiero la Luna.

-        Daniel, no hagas esto de nuevo, tu y yo sabíamos que iba a suceder tarde o temprano, es nuestro sueño, inventor de tecnología de punta en Marte no es nada comparado con lo que viene, es la oportunidad de nuestras vidas.

Sinceramente creía en las palabras de Jorch, pero de cualquier manera es doloroso pensar que tenía que dejar Antiguo México, después de todo siempre fue mi hogar, y me encanta vivir aquí. Pero estaba más que decidido, así que tuve que precipitarme. En el fondo sabía que lo tenía que hacer.

-        Cállate, y vamos a renunciar antes de que me arrepienta, maldición.

Me estaba dando un ataque de nervios de solo pensar que mi vida cambiaría de manera tan drástica. Jorch se sirvió otro vaso de wiski, se lo tomó de un trago y dijo:

-        Vamos.

Salimos de mi apartamento que se encontraba justo en la sima de la ciudad, por qué es lo más cercano que existe a un vecindario, ya que todo lo que se encuentra debajo, son puentes, que conectan edificios con torres, como si fuera un inmenso castillo futurista moderno, y más abajo es un búnker enorme, por eso me encanta, porque aquí arriba puedo ver el cielo, las nubes, el sol y la Luna, además de que puedo gozar de los días de lluvia, que, a estas alturas, ya es un privilegio poder respirar el aire limpio que se encuentra por aquí. En fin, todo esto estaba a punto de terminar.

Mientras íbamos en el vagón del transporte unitario, noté que Jorch no paraba de observar los seres entrañables que caminaban por los andenes subterráneos de la ciudad.

-        Estamos a punto de alcanzar el mayor éxito hermano, y solo nos falta algo.
-        No creo que eso sea para mí – le dije.
-        Pues para mí sí – replicó.
-        ¿Qué pasó con Relé? – pregunté.

Jorch se puso morado, cerró los ojos, y trató de disimular, intentando de hacerme creer que no había escuchado mi pregunta, pero sabe que no puede engañarme. Relé es la exnovia de Jorch, una rubia con manchas morenas, es muy notable sus cambios de colores en la piel, muy parecidas a una vaca, pero con todo el respeto que se merece mi mejor amigo; es una mujer espectacular, hermosa, inteligente y simplemente puede hacer babear a cualquiera. Ella dejó a Jorch hace unos días, porque tiene serios problemas con el alcohol, o por lo menos es lo que él decía, aunque algunas facciones de su cara cambiaban de manera extraña mientras me platicaba, eso representa estrés en algunas circunstancias. Su historia huele a gato encerrado.

-        Pues que te puedo decir, era muy controladora con las cosas que me gustan, y pues, como no quise acceder a dejarlas, se molestó, y término conmigo.
-        Eres alcohólico viejo.
-        Tú también, además no es que vayamos a morir de cirrosis, tenemos a Michael, nos da un par de píldoras y ya está, curados por siempre y para siempre.
-        Sí ¿por qué no estudiamos medicina en lugar de psicología?

-       No lo sé tú eras el que quería aprender a leer mentes con tan solo – en un tono burlón – *"ver el comportamiento de las personas"* ¿qué diablos pasaba por tu cabeza? ¿a quién carajos le importa cómo se sientan los desconocidos?

-       Después de todo nos salvó la vida de Damián Hoffman, y sin ella los *ignorantizadores* nos hubieran hecho añicos, y seríamos unos más del montón con solo 2 carreras entre nuestros dedos.

-       Si, ¡maldito estúpido!

Ambos callamos por un rato y admirábamos la vida cotidiana de las personas por la ventanilla, veíamos los arbolitos de las calles que eran iluminados con pequeños filtros, para que pasaran los rayos de sol.

Al bajar del transporte, un colega de Jorch y mío llamado Leuler Susky, discutía con un oficial de policía, quien le estaba levantando una multa porque dejó caer una bolsa de basura cerca de una planta, a estas alturas maltratar el medio ambiente es un delito por el cual amerita una multa, que haría a cualquier persona reflexionar. Jorch y yo nos acercamos.

-       Le digo que fue un accidente – decía Leuler – solo estaba sacando la basura y la dejé caer por un momento.

-       Señor usted está consciente de la ley – dijo el policía

-       Pero no le pasó nada al arbolito, fue algo sumamente inconsciente, usted puede entender.

-       Lo siento señor, pero usted en vista de que es Historiador sabe lo que sucede cuando se maltrata al medio amblente, o ¿acaso no conoce de aquella historia en la que, por dejar pasar accidentes como éste, casi extinguimos toda la vida de este planeta?

-       Está bien si la conozco, no es para tanto, pero está bien, no tengo tiempo para discutir por dinero.

-       Lo dejaré pasar ésta vez, pero si se repite le levanto doble multa ¿de acuerdo?

- Si, si de acuerdo gracias

- Lindo día.

El oficial se fue y Leuler se quitó el sudor de la frente.

- ¡Ah! – dijo Jorch – así que maltratar el medio ambiente es otro de tus grandes talentos Leuler.

- ¡Cierra la boca Jorch! – replicó Leuler – ¡Daniel! ¿Ciencias del Tiempo es tuya?

- ¡Claro que sí Leuly! – respondí.

- ¡Bien! Me supongo que vienes a trabajar en tu famoso proyecto ¿verdad?

- En realidad, Leuler – dije – vengo a renunciar.

Leuler abrió los ojos y dijo:

- ¿Qué? ¡Espera!, no hablaras enserio, es un delito renunciar a la investigación.

- De hecho – dije – tengo que renunciar para que me la den, me mudaré a la Luna.

- JAJAJAJAJA – reía Leuler – tú en tu vida te largarías a la Luna, ni dejarías a Jorchi aquí, solo sin ti...

- De hecho, mi querido Leuly – interrumpió Jorch – yo me voy con Daniel.

- ¿De qué están hablando? – decía Leuler muy serio – solo los más altos científicos viven en la luna, y ustedes no tienen la influencia, discúlpenme la insolencia, necesaria para irse a la Luna.

- Pues a menos que – dijo Jorch – el Dr. Filmness Berflowsqui nos dé un portal personal de tiempo espacio, para ir y venir todos los días de la luna, nos tendremos que mudar allá.

Leuler comenzó a reírse como un psicópata, la gente pasaba y se le quedaba viendo como si fuera un tipo con esquizofrenia, las lágrimas se le salían de los ojos por el éxtasis que seguramente estaba sintiendo.

-	JAJAJAJA el Dr. Filmness Berflowsqui JAJAJAJA ¡Claro que sí campeones! ¿Y luego qué? ¿Los invitó a trabajar al IPCDI? JAJAJAJAJA que buena broma chicos, ¡ya venga! díganme ¿Qué sucedió? ¿Te dijeron que querían la máquina del tiempo para abril o algo parecido?

Jorch y yo solo lo veíamos seriamente, no respondimos, Leuler volvió a abrir los ojos como platos y dijo:

-	¡Mierda! ¿de verdad?
-	¡Si! – dijimos Jorch y yo unísonos.

Leuler se desmayó. Jorch y yo nos volteamos a ver rostro con cara, cargamos a Leuler y entramos al departamento, al momento la recepcionista Miriam Vázquez, una morena delgada con cabello risado y gafas redondas, amiga nuestra se acercó y dijo:

-	¿Qué le pasó a Leuler?
-	Se desmayó – dijimos Jorch y yo unísonos.
-	¡Pobrecito! – dijo Miriam mientras corría por un vaso de agua, el cual lo vertió en la cara de Leuler.

Escupió y tosió, sepa dios que carajos estaba soñando, Leuler es el cobarde más grande que he conocido en mi vida, tiene por lo menos 15 fobias diferentes registradas en mi mente. A Jorch y a mí nos gusta molestarlo de vez en cuando, solo un poco, una vez pusimos una araña bananera falsa en un plato de fruta que compramos para el almuerzo,

Leuler al ver la araña pateó el recipiente con sus habilidades de Kun-Fu y salió corriendo gritando como un maniático, una broma demasiado pesada para mi gusto, pero Jorch no podía superarla.

-       ¡Me ahogo! ¡me ahogo! – decía Leuler.
-       Leuly, todo está bien – le decía Jorch mientras lo abrazaba con un tono burlón – está bien todo tranquilo.
-       Si, si todo está bien, si – decía Leuler intentando dormir de nuevo, luego abrió los ojos - ¡Suéltame Jorch!
-       Eres un malagradecido – le dijo Jorch.
-       Mal agradecido, se van a ir ustedes dos, quieren llevarse toda la gloria para ustedes. ¡Son unos desgraciados! ¡Eres un desgraciado Finguerly! no puedo creer que se vayan.
-       Ya sabes lo que dicen mi querido Daniel – decía Jorch – el éxito es como un pedo, todos se molestan cuando no es suyo.
-       Qué gracioso Jorch – decía Leuler – pero tienes razón, me muero de la envidia, es que, entiendo que te dieran la enciclopedia, pero la historia de mudarse a la Luna, ni siquiera sé cómo carajos pudo haber sucedido.
-       Si yo también exijo que me cuentes Finguerly – dijo Miriam – me encantaría saber acerca de su adicción con la fama.

Miriam es una persona que prefiere vivir tranquila, con un empleo cualquiera y sin preocupaciones, y como ella hay demasiada gente dentro del mundo.
Es increíble cómo un cambio de economía mundial deja de ser un problema, y es qué, el mayor problema que llegaba tener la gente como Miriam es literalmente no tener nada que hacer, lo cual es una vida demasiado tranquila para mi gusto, a pesar de que amo irme de fiesta, no creo que volverlo rutinario sea algo trascendente, aunque a veces las presiones del medio corporativo son muy mortificantes, es ahí cuando

piensas: *"Maldita Disciplina"*, porque te gustaría estar en la playa disfrutando de la buena vida que además es casi gratis.

Prácticamente hoy en día todos trabajamos por pasatiempo y por conciencia al equilibrio que por mera necesidad, desgraciadamente no es lo mismo que sucede en Marte, que tienen problemas con su auto-sustentación, a pesar de que hoy en día es más fácil ayudarlos, lastimosamente su independencia puede convertirse en un problema bélico, ya que al no estar sometidos al gobierno unitario de la tierra, no es obligación de ella ayudarlos, solo negociar está permitido, lo que ha desencadenado marchas para acabar con la pobreza de dicho mundo, pero al final termina siendo la terquedad de los marcianos y sus ideologías de patriotismo lo que no los deja cambiar, cosa que por lo menos aquí, en la tierra, se dejó atrás hace años, Miriam es una persona que tiene la actividad de ayudar a los marcianos, pero como muchos, en lugar de buscar alternativas independientes al gobierno, deciden exigir a alguien más que lo resuelva por ellos.

Jorch y yo les contamos a Leuler y Miriam, lo que pasó con Damián Hoffman en la entrevista de hace unas horas, y lo que sucedió después en el anuncio de Ciencias del Tiempo II, incluyendo lo que dijo Jonny Orozco, cosa que indignó a Leuler tanto como a mí, su cara se puso roja, a excepción de las partes con prótesis, ya que su rostro poseía ciertas partes que fueron modificadas porque sufría de tics nerviosos que se notaban mucho cuando era niño.

La fusión con las máquinas hasta que Jonny Orozco se volvió un impertinente incesante en los medios, era muy indigna desde mi punto de vista, por eso no tengo modificaciones en mi cuerpo, sólo las absolutamente necesarias para poder vivir en este mundo, lleno de gente que se cree inteligente, cuando en realidad están lejos de serlo, específicamente las del cerebro.

El caso es que Leuler se estaba enfadando mucho, hasta que de la nada a lo lejos del andén, se podían ver las piernas más sexys jamás antes vistas, cosa que nos hizo callar y abrir la boca como unos auténticos imbéciles, misma sonrisa se borró cuando nuestra mirada empezó analizar el ser entrañable de abajo a arriba hasta terminar en su rostro, fue ahí cuando la sonrisa de retrasados cambió por una expresión de decepción, al ver que se trataba de nada más ni nada menos que de la exnovia de Jorch: Relé.

5.   Impulsos Irracionales.

Jorch puso una cara de entre serio y enojado, e hizo como que veía a otro lado, mientras Leuler y yo hacíamos un intento desesperado por disimular que no habíamos visto a su exnovia con tanta excitación, lo cual, si bien al principio fue bochornoso, Leuler como es de costumbre, tuvo que cagarla más diciendo en voz alta:

-        Mira Jorch es Relé – en lo qué reía con la cara más hipócrita que se pudo haber sacado de la manga.
-        Mi querido Leuly – dijo Jorch mientras se metía las manos a los bolsillos – eres el ser más intuitivo y audaz de la constelación, seguramente esas babas que te salen de la boca son una señal de cuando se acciona ese sexto sentido tan versátil. ¡Impresionante!

Jorch me miró, guiñó el ojo, entendía a la perfección la situación, su traje no mostraba variaciones en su estado de ánimo, sonreí, mientras Miriam miraba a Leuler con una cara de enojo y decepción, al mismo tiempo que negaba con la cabeza.

Relé se acercó a Jorch con una cara neutral, y es que claro, cuando se es tan mujeriego como Jorch es fácil dudar de su fidelidad, aunque yo soy testigo de que nunca fue un mal tipo. Jorch tiene el toque más envidiable para los hombres y su primitivo sistema de apareamiento, y ese es ser un imán de mujeres hermosas, cosa que él considera una maldición de cierta manera ridícula. Y es que de por sí, la carrera de psicología/sociología, pueden ser una herramienta sutil que trae a las mujeres a ti, de una manera más fácil, Jorch es un Don Juan por talento y naturaleza, eso sumado a sus conocimientos sobre sentimientos y como provocarlos guardados en su mente, qué, era lo único que le faltaba para tener la capacidad de llevarse a la mujer que él quisiera, directo a su apartamento. Sin embargo con Relé era diferente, por lo que no me cabía en la cabeza ¿por qué terminaron? si ninguna de las escusas de Jorch eran suficientes para hacerme creer que fue por culpa del wiski, entonces Jorch dijo:

-        ¿Qué haces aquí Relé?
-        Sé que me hiciste jurar que no me volvería a acercar a ti, pero créeme que no es lo que piensas.
-        Pues, me da gusto verte Relé, y estaba muy enfadado así que no tienes por qué mantener esa promesa, ¿Amigos? – Jorch levantó la mano en señal de saludo.

Leuler a pesar de que trataba de evitar el contacto visual se notó sorprendido por lo que acababa de escuchar y es lógico; Relé no es la clase de chica a la que quisieras darle el trato de "amigos", muy por el contrario, los hombres como Leuler matarían por una noche con tan radiante mujer, pero no era todo, lo que hizo ella después, inclusive a mí me dejó sin palabras.
Relé se puso de rodillas sin importarle ensuciar esas medias blancas, casi llorando y con una cara de desesperación sin disimulo que de tan sólo observar su expresión inocente y tierna, con esos ojos azules apunto de soltar una lágrima, te entran ganas de perdonarla, sea lo que sea que haya hecho, qué, por si fuera poco, a Leuler a cada instante se le notaba más la envidia, ella dijo:

-        Te ruego que me perdones.

Literalmente Leuler soltó un chillido y volteó a ver la situación sin importarle nada, Miriam y yo lo encerramos en un círculo para evitar que hiciera alguna tontería, disimulamos una charla completamente diferente, aunque solo murmurábamos frases que nadie escuchaba, nuestro sentido del oído estaba en la conversación de Jorch con Relé. Los humanos somos el único ser vivo conocido que puede ser chismoso.

- No te pido que vuelvas conmigo, tampoco lo intentaré, por qué lo que hice no tiene ninguna justificación, solo quiero que sepas que te amo, y por encima de todo lo acontecido, deseo tu felicidad.

Jorch se quedó tan sorprendido como nosotros, no sabía ni que carajos decir, calló durante un rato y de repente dijo:

- Relé no tienes que hacer esto, mira, te propongo, que para demostrarte que de verdad no existe rencor alguno, salgamos a cenar hoy, tú, yo y tu amigo. De ninguna manera me siento enojado.

Inmediatamente entendí la referencia, Relé había traicionado a Jorch, lo que no me quedaba claro es el por qué Jorch se atrevería a salir con su ex mujer y el bandido que se la quitó, era algo muy absurdo, pero Relé terminó por pulverizar su dignidad tirándose a llorar sobre el regazo de Jorch.

- Jorch, definitivamente él no es mi amigo – decía mientras lloraba – es que creo que consumí algunas sustancias que me hicieron perder la conciencia, estuve haciendo tonterías, de por sí, simplemente te suplico que me perdones, te juro que jamás fue ninguna jugarreta mía.
- Relé definitivamente – decía Jorch mientras se arrodillaba hasta quedar a su altura y verla a los ojos – este no es el lugar ni el momento adecuado para discutirlo, hablemos en la noche y te apuesto a que te gano en Guerra Celestial.

Relé sonrió, aún con un par de lágrimas y lo abrazó, entonces Jorch le dio la mano y la ayudó a levantarse.

-        En tus sueños Jorch Gonzáles – dijo Relé con una cara de satisfacción – pero no sé me quita lo triste, te vas a ir mañana y quien sabe cuándo te volveré a ver.

Jorch me volteó a ver sorprendido, regresó la mirada hacia Relé y preguntó:

-        ¿Cómo lo sabes?
-        Gina me llamó hace unos momentos para ofrecerme el puesto de Daniel.

Inmediatamente reaccioné y la tomé del hombro, lo cual evitó que se secara las lágrimas y dije:

-        ¡Espera! nosotros todavía no le décimos nada a Gina.
-        No es necesario Daniel – dijo Relé – el Doctor Berflowsqui se ha encargado de preparar su retiro en las últimas horas.

Abrí los ojos, volteé a ver a Jorch, Miriam soltó una risa chillona y gritó:

-        ¡Es cierto!
-        Maldita sea Jorch – grité.

Jorch puso una cara de sorpresa.
Salí disparado por el pasillo del departamento pasando por el gran museo de antropología, donde yacen los esqueletos de dinosaurios de la ciudad, el salón es enorme y a cada paso, solo intentaba pensar en qué le diría a Gina, di vuelta por el pasillo, abrí la puerta de la presidencia

de manera brusca en la cual solo se encontraba la secretaria de ella, Nicole, quien dio un brinco de terror al escucharme abrir la puerta y dijo:

- Finguerly, Gina te está esperando.
- ¿Lo sabe? – pregunté.
- Cada detalle – dijo.
- ¿Dónde está? – pregunté.
- En el mirador – respondió – dijo que no se sentía bien.
- ¡Maldición! – exclamé – gracias.

Corrí de nuevo por el pasillo hasta encontrar el elevador, el cual afortunadamente se encontraba en este piso si no me hubiera tenido que esperar por siglos hasta que regresara y después otra eternidad más para llegar hasta el último piso, lo aborde y e inmediatamente la máquina leyó mi voluntad, la cual era ir al último piso, entonces el elevador subió, acelerando tan rápido que mi cuerpo se puso muy pesado. Mientras subía pensé en tranquilizarme un poco, y en cómo decirle a la mujer con la cual iba a hacer la investigación, que tendría que hacerla para alguien más.

Gina seguramente por eso dijo que se sentía tan mal, literalmente estaba a punto de excluirla en algo que tenía que construir con ella, al momento de que pasó por mi mente una vez más desistir de mis decisiones, recordé que Berflowsqui ya había hablado con ella, y de verdad moría de angustia por saber que le había dicho exactamente. Al llegar al último piso, el silencio absoluto se corrompió por el sonar de mis zapatos, en un eco incesante que coordinaba al ritmo de los enormes engranajes color dorado, decorativos hechos por el artista Milán Stronghold, inspirados en el interior de un artilugio, mismos que quedaban perfectamente sincronizados con el enorme reloj que se ve por fuera. Justamente cuando el atardecer y su color naranja baña los techos de Antiguo México, la luz del sol que se escondía en el horizonte, y hacía que las sombras de aquel excéntrico y relajante sitio, se estiraran hasta tomar la forma de monstruos muy altos, detecté un movimiento que venía de la ventana que da justo al frente del ocaso, para presenciar el atardecer, ahí se encontraba ella, sentada con sus brazos abrazando sus rodillas, me acerqué lentamente y ella misma, sin voltear a verme, habló:

- El atardecer es la segunda cosa que más amo ver en la vida, pocas cosas se comparan a él, y siempre es tan bello, como si fuera la primera vez que lo veo, ¡siempre! ¿Alguna vez has tenido ese sentimiento Daniel?

- ¡Siempre! – dije – ¡Gina! te aclaro que no he tomado ninguna decisión, y por eso vengo a consultarte, en la entrevista no me dieron la licencia de Ciencias del Tiempo, y luego el Doctor Filmness apareció en un anuncio y...

- ¡Daniel! – me interrumpió - ¿Cuántas veces te digo cállate al día?

- Muy seguido – dije – creo.

- Y ¿Por qué nunca te molestas?

- No lo sé Gina – dije – tal vez por qué eres mi jefa.

- Pues no más Daniel – me dijo – quiero que te sientes aquí a mi lado.

Di unos cuantos pasos a delante, hasta llegar a su altura.

- *El atardecer comienza con el brillo del día, iluminando todo sin que podamos remediarlo, nadie lo toma en cuenta, después se vuelve más hermoso a la vista, hasta tomar...*

- *Un punto equilibrado entre la luz y la oscuridad* – recité con ella – *y así hasta recaer en la noche, oscura, libre y sin ataduras.*

- ¿Sabías que la primera vez que te vi fue aquí?

- No, en realidad no me acuerdo.

-        Es por que eras un niño, feliz, con una energía muy positiva y con ganas de hacer el bien, pero necesitabas un carácter qué, a pesar de que a mí no me agrade, es completamente tuyo, y es tu mejor arma Daniel. Quiero que sepas que, por encima de las cosas laborales, sigues siendo mi sobrino, y te amo por eso, y siempre tuve presente que serías el más grande de todos.

Así que ve, y conquista al mundo, yo no aspiro a eso, pero tú sí.

Comencé a llorar, sentí en el pecho el calor más amargo, un nudo en la garganta, de aquel que te sofoca y no puedes hablar sin parecer un idiota, y en ese momento me abrazó y me dijo:

-        Te amo y estoy orgullosa de ti mi vida.

-        Yo no quiero dejarte – dije – con una voz muy desafinada por el llanto – no me iré.

-        Te tienes que ir, ¿Sabes por qué?

-        ¿Por qué? – pregunté.

-         Porqué si no renuncias yo te despido enseguida.

-        Gina, ¿estás hablando enserio?

-        Tan enserió que si no sacas tú trasero de aquí yo te saco a patadas – decía llorando ella también.

Solo reí y la abracé muy fuerte.

-        Y llévate al inútil de González – dijo – seguramente necesitarás a tu compañero de aventuras. Yo me quedaré aquí encargándome de tener controlada a su novia, después de todo pueden venir cada que tengan tiempo y esa mujer necesita un poco de disciplina.

-        Eres la persona más maravillosa del mundo – le dije – te amo Tía Gina.

-        Y yo a ti – me dijo

6.   Noches de Suburbios.

Terminando todo el papeleo para dejar listo mi cargo en mi ahora oficial ex trabajo, Relé se mostraba impaciente por lo que se avecinaba en la noche con Jorch, pues sabía que sus cuerpos estarían más separados que jamás en la vida. Jorch decía que las cosas saldrían bien, pero Relé de verdad creía que la dejaría para siempre, y es que en la luna, vive la gente más sofisticada y extraña del sistema solar, es como el oasis para los ricos y la gente más importante, tienen sin lugar a duda la vida más lujosa del sistema humano.

Hace por lo menos 1500 años la gente veía una bola brillante color blanco al ver al cielo por la noche, ahora, literalmente podemos ver un hermoso cuerpo celeste color verde y azul, con una atmósfera encerrada en un domo, y algunos oasis artificiales. La luna tiene la rotación capturada debido a la fuerza gravitacional de la tierra, en este sentido, en uno de sus lados siempre es de día y del otro extremo es de noche, salvo a pequeñas variaciones de perspectiva como atardeceres o amaneceres en puntos específicos, cosa que los inversionistas tomaron como algo positivo y pusieron una gran cantidad de residencias, restaurantes, hoteles y bares de lujo para los amantes de la noche, está vez sin la luna siguiéndote, tal vez la tierra (en algunos lugares), cosa que para los escépticos, intelectuales y poetas es uno de sus bastos temas de conversación cuando les apetece ser críticos.

Yo solamente la conozco por las imágenes satelitales del lugar, es casi como caminar por sus calles, muy real por cierto, pero, jamás en la vida he sentido aquellos vientos que irradia esa mini tierra, ni los rayos solares, esas calles decoradas con piedras terrestres, sin lugar a duda, a pesar de los conflictos, quiero visitarla, aunque mi ilusión no iría más allá de eso, unas vacaciones, no dejar mi hogar.

Terminé de explicar a Relé los algoritmos de trabajo y algunos problemas que se pueden presentar con frecuencia, y a pesar de que se muestra desesperada por recuperar a mi amigo, se nota que es una persona completamente capaz de desempeñar el trabajo que ostenté por años, y que además, la cereza en el pastel, su falta de interés por dejar que yo le enseñará cosas que seguramente ella ya sabe, es lo que me dejó claro que es la persona indicada para utilizar ese escritorio, esa silla y ese cuarto de trabajo con conexiones realistas que tanto me encantaba, lo único que esperaba, es qué a ella le encantara tanto investigar con el igual que a mí.

Al salir, Jorch estaba despidiéndose de todos, parado encima de un escritorio, dando el discurso más soberbio que se pudo haber inventado.

- Amigos, esta noche, es una que debería ser considerada por las generaciones de Godínez, por siglos, como una noche de luto. Hoy los mejores se van de sus vidas ¡pero, no teman! vosotros y vuestras amistades irán guardados en nuestros corazones, mientras viajamos por la eternidad. ¡Hagan lo que hagan! No se atrevan a llorar por Daniel ni por mí – Jorch estaba comenzando a llorar – por qué, sé que nos extrañarán, seguramente mucho más de lo que nosotros a ustedes – en un tono chillón – es más, ya se me olvidó ¿cómo te llamas tú? – señalando a la pelirroja de cabello corto.

- Jajaja – reía – ¡Vanesa! Jorchi, ese es mi nombre, y si claro que los extrañaremos – carismática.

- Les deseamos mucho éxito – gritaba Leuler desde atrás.

Jorch se puso a llorar, la señora Vélez lo sostuvo entre sus brazos para consolarlo. De inmediato Jorch levantó el brazo con la palma de la mano abierta y exclamando:

-       Ni crean que estoy llorando por ustedes bola de ingratos – aun llorando desde los brazos de la señora Vélez – nunca trabajaban ni hacían nada, y siempre me ponían "peros" en los días de fiesta. No saben cuánto me alegra largarme, tantas fiestas, tantas risas, tantas borracheras, los... los extrañare puñado de holgazanes.

Prosiguió con su llanto en los brazos de la señora. Me acerqué y recité:

-       Tengan por seguro amigos nuestros, que ésta no es una despedida, podremos venir de visita cada vez que nos sea oportuno, así que no crean que tenemos planes de desistir de ponerlos borrachos cada vez que tengamos la oportunidad. Jorch y yo tenemos la oportunidad de nuestras vidas hoy, y créanme que de corazón no me gustaría vivirlos sin ustedes de mi lado, por eso en cuánto tenga un resultado favorable, regresaré aquí con una maldita máquina del tiempo, y podremos reintegrar la materia de historia de la humanidad, ante todos, como fue nuestro sueño. Sabremos cuanto la historia ha sido manipulada, y sabremos cómo fue que el valeroso Aquiles mató a Héctor, en donde le clavó su espada de acero, en qué lugar, y si murió desangrado o por fallas respiratorias. Sabremos exactamente cuánta gente mató Adolf Hitler en su intento de conquistar el mundo, sabremos con precisión cuántos kilómetros cuadrados medía el cometa 3900 LIXMA, que casi nos saca del mapa en un parpadeo, sabremos también, desde cuándo se dio comienzo al proyecto del campo electromagnético artificial que nos salvó el culo a todos cuando nadie sabía ni siquiera que el proyecto existía, mismo que echaron a andar 3 horas antes de que ese maldito meteorito acabara con nosotros. Amigos, de corazón quiero saber quién era aquella chica con voz angelical que imitaba Leta la robot psicópata de la Singularidad, para amenazarnos a muerte con el carisma más amigable jamás imaginado, y quiero saber ¡maldita sea! si Stephano Rix de verdad le ganó a Andrés Orozco en las Olimpiadas Digitales 4958, o es que el lag de mini segundos que portaba su consola era simplemente una falla en el sistema.

Amigos esto es por ustedes y por todos, los amo bastante y Jorch y yo les prometemos que vamos a regresar, los queremos.

Todos gritaron de manera enloquecida, la señora Vélez, saco una botella de wiski de su cápsula portátil, y brindamos haciendo un escándalo impresionante dentro de la oficina, de inmediato apareció Gina que dijo:

-        ¿Qué? ¿En esta oficina no se trabaja? O ¿Qué? – mirándome de manera bochornosa.

Paulo Lima, un guapo antropólogo, que Gina siempre veía con carisma le dijo:

-        Estamos brindando por el éxito de tu sobrino y tú nos vas a acompañar.

Paulo le entregó a Gina un wiski a las rocas, Gina puso una cara con pucheros que pusieron sus mejillas rojas, y nos miró a todos muy enfadada, entonces se tomó el wiski de un trago y dijo:

-        Espero que los reportes del presupuesto para viajar a Nasa estén a tiempo sobre mi escritorio, Daniel – sonrió – ¡mucha suerte amor!

Nasa es donde se estableció la primera colonia de humanos en el planeta Marte, hoy en día es una gran ciudad llena de gente muy importante. Gina quiere ir por qué sabe que bajo de ella hay una gran cueva, qué, al parecer tiene restos de vida prehistórica marciana, y es por eso que deben ser explorados de manera urgente debido a su reciente descubrimiento.

Gina se acercó a mí y me entregó 2 pasajes a *Polvo Liso, Luna*, del día de mañana a las 05:00 a.m. cosa que me provocó un serio dolor de cabeza, y se fue sin decir ninguna palabra. Jorch se acercó inmediatamente, me miró a los ojos, su traje desplegó una fuerte luz color púrpura y dijo:

-        Es oficial hermano, nos iremos mañana. Al final no fue una broma de mal gusto por parte de Berflowsqui.
-        Tampoco es que robar identidades en la web sea muy fácil Jorch, nos tenemos que ir, no hay vuelta atrás.

Todos se nos quedaron viendo con una cara de asombro, y entonces dije:

-        Amigos, pues, les comunicaremos cuando los visitamos, y les aseguro que será muy pronto.

Jorch y yo decidimos despedirnos de todos y salir a nuestras casas a empacar todo, evidentemente Jorch tenía también otros planes, así que solo esperé que le fuera bien al final de todo. Al salir de la oficina solo quedamos en vernos en la terminal a las 4:00 a.m., cada quien tomó su rumbo, y su caminar se perdía entre la oscuridad de las calles, las luces del sistema de transporte unitario y el cielo que tomaba un tono entre púrpura y azul, que se contrastaba con las nubes, y se notaba los últimos rayos del sol, chocando contra ellas.

Tomé un vagón, puse las coordenadas de mi domicilio (con el cerebro) en el número 84 de la calle Tenochtitlán, piso 45, Interior 4, Centro, Ciudad de Antiguo México, memorizando precisamente ese momento en el que escribía mi dirección, y lo guardaba como cinta de recuerdo valioso. Abordé el vagón que me llevó hasta la puerta de mi casa, al bajar me acerqué a la fachada, y acaricié con melancolía mi enredadera, que estaba dando bellas Loniceras Japonicas, y al mirar a mi alrededor, notar que ninguna otra casa tenía enredaderas dando flores, ni arboles dando frutas. Me di cuenta que era una época muy especial para mí. En un rato no hice más que respirar ese aire fresco y puro, y pensaba en todos los desastres que tienen que ocurrir para que el hombre se dé cuenta de las cosas que hace mal; hoy en día, agradecido de que todos estemos obligados a compartir nuestras residencias con la vegetación, tener una enredadera que cubra todo el contorno de nuestros hogares, cuidarla como a nosotros mismos, y que todo esté lleno de verde. Pensé precisamente que nuestra raza ha tocado el tope del vaso, y si hay algo que nos ha enseñado la ciencia es que cuando terminas de llenar un vaso, encuentras un espacio más grande que llenar, en este caso el mundo alrededor del vaso es más grande, y luego se vuelve pequeño al observar más arriba, y así sucesivamente, ahora nuestro cerebro toca fondo, y nos toca evolucionar, ¿Qué me lleva a pensar todo esto? Que ahora somos de nuevo el hombre viviendo en la naturaleza, viviendo entre la vegetación, literalmente. Todos los edificios están rodeados de plantas y árboles, regresamos al principio, ahora el hombre evolucionado le toca destruirlo, luego llenar su propio vaso y arreglarlo, y después solo con mucha suerte, volver a un nuevo principio.

Miré hacia arriba, un hueco, en donde coloqué semillas hace algunas semanas; lugar donde ahora una familia de pequeños canarios tomaba como su nuevo hogar. Me siento primitivo de saber que la evolución nos ha alcanzado y qué aquel hombre arrogante puede destruir lo que nosotros valoramos, como los árboles la fauna y los seres vivos, y saber que ese hombre no va a entender cuanto los primitivos amamos la vegetación, ya que por el simple hecho de ser más inteligente cree que no merece la pena escucharnos; *"Jonny Orozco y su arrogancia"*, dejaré en su legado una marca que difícilmente van a poder borrar, por qué el precio que hay que pagar para que el ser humano crezca como especie según relata la historia es extinguiendo vida, precio que puede desencadenar nuestra propia aniquilación, por egoístas.

Entré a mi apartamento y las luces se encendieron inmediatamente, entonces dije en voz alta:

-     Encapsular utensilios portátiles

Inmediatamente mis muebles de ropa, mis estantes de adornos y mis vitrinas como por arte de magia, enviaron todas mis posesiones en maletas, componiendo y aprovechando al máximo los espacios vacíos, y organizando todo de manera inteligente.

Una persona de hace 2000 años dijo que para mi época podríamos empaquetar todo en una caja de chicles, pero esa persona seguramente no sabía la cantidad de energía que se necesita gastar para que eso sea posible, es más, si a alguien se le ocurriera comprimir el espacio vacío entre átomos y neutrones para poder reducir todo de tamaño de manera exponencial tendría que dejar a toda la ciudad sin electricidad durante un día completo, y otro día adicional si quiere descomprimirlo, sin mencionar lo que contaminaría hacer eso, por lo tanto no es ni de lejos una idea rentable, seguramente la factura le costaría su casa y mil horas de servicios a la comunidad, obviamente por un viaje no vale la pena ni hoy ni nunca.

Después de 30 minutos los muebles de mi casa quedaron completamente vacíos, con un equivalente de 22 maletas llenas, el límite de carga que tengo permitido en un vuelo eran 5, y que incluso esa cantidad es exagerada hasta para una persona muy famosa y caprichosa, pero se trataba de una mudanza, así que di la orden de empaquetar 5 con solo lo indispensable, tomando en cuenta ropa muy elegante, inmediatamente mis estantes se llenaron de objetos nuevamente y mis 5 maletas quedaron organizadas en 3 de ropa y 2 en equipo que seguramente voy a necesitar, pero aún faltaban cosas, así que di por hecho que efectivamente tenía que regresar pronto por algunos detalles, según fuera viendo faltantes en mi estancia allá, aunque no sabía ni siquiera cuanto me iban a pagar por vivir allá, por lo que pensé que si mi sueldo era suficiente, tal vez podría comprar cosas nuevas en la luna, y tal vez mejores de las que ya tengo, en este sentido, me dispuse a cenar algunas frutas de mis árboles, en la azotea de mi apartamento, y me acosté a dormir, esperando que mi destino no jugara en mi contra, y qué de verdad saliera todo bien.

Después de analizar en algunos minutos los posibles desastres del día de mañana que podrían ser muy desafiantes, me quedé dormido en esa lluvia de ideas. Ahora son las 10:00 p.m. y mis sistemas se desactivaron para no despertar hasta la hora permitida: las 3:30 a.m.
Ahora solo me queda dormir y tomar a la vida del cuello hasta que pida mayday.

CAPÍTULO II

TALENTO SUPERFLUO

1. Puntos de Vista.

Los rayos del sol comienzan a invadir la habitación de lujo con grandes ventanas y cortinas blancas, se arrastran por la alfombra hasta llegar a las sabanas tiradas en el suelo, casi en su totalidad, tocando las plantas de unos pies muy pálidos y perfectos, explorando el cuerpo de aquel joven, quien suavemente movía de lado a lado su trasero, el sol iluminaba su bóxer negro hasta acariciar su espalda, inmediatamente ese amanecer casi perfecto fue interrumpido cuando la madre del muchacho entró a la alcoba gritando con su voz chillona:

- Amor, te traje un rico desayuno bajo en gluten, ¡cómo te gusta!, mi bebé hermoso.

El joven suspiró, bostezó, y se sentó en la cama, era delgado, su cabello estaba alborotado, y brillaba de manera radiante, era hermoso aunque no se viese acomodado, habría los ojos, muy poco, pero revelaba unas bolas brillantes y negras como la obsidiana, pulida y brillante, sus labios rosas muy bien humectados, comenzaron a moverse.

- Mamá pude haber dormido otro rato, ¿puedo?
- ¡Por supuesto que no cariño! – contestó la madre – tienes una rueda de prensa en algunas horas, y no puedes darte el lujo de llegar tarde.
- ¡Claro que si madre! – decía el muchacho con un pedazo de pan en la boca – soy el más importante, puedo llegar a la hora que quiera. Si alguien que no es importante llega tarde a una rueda de prensa, evidentemente nadie lo esperará, los planes no cambian, sin embargo,

si yo llego tarde, tienen la obligación de esperarme media hora o una hora ¡tal vez!

-        Bebé eso sería muy grosero de tu parte.

-        ¡Yo no les dije que siguieran todos mis movimientos con cautela! – exclamaba el chico, se ponía de pie, y regaba migajas de pan mientras caminaba – si necesitara un policía, que, de hecho, para eso tengo a Ruful... ¡que además de todo tendría más posibilidad de cuidar yo de él, que él de mí! Sería precisamente Ruful, no los paparazis.

La madre suspiró, se puso la mano en la frente, soltó una pequeña sonrisa y dijo:

-        ¿Desde cuándo criar niños se volvió tan complicado?

-        ¡Desde que tienes que hacerlo de nuevo mamá! – exclamó el chico – a los niños les ponen prótesis sobrehumanas en el cerebro a los 4 años o antes, las cuales los obligan a pensar y actuar de una manera educada, los padres de ellos no tienen que hacer nada después, ya que prácticamente se vuelven autosuficientes en cuanto termina la operación, cosa que yo no tengo.

-        Lo sé cariño – dijo la madre – pero son actualizaciones evolutivas, diles así por favor, si no, la gente puede pensar que una nueva especie de racismo viene con la evolución.

-        Ya lo piensan mamá – dijo el muchacho – solo digo las cosas tal y como son.

-        ¡Hay hijo! de donde aprendiste a actuar de esa forma, esa no es la manera en la que te he educado, quiero que seas feliz, y ese comportamiento puede ser tóxico para tu vida.

-        Mamá no digo que sea tu culpa, sino que, a estas alturas, qué más da si la gente deja de prestarme atención, en el fondo es lo que más deseo, jamás se me dio la oportunidad de elegir el anonimato, crecí con más atención de la que necesito.

-        ¿Y por eso te comportas así? – dijo la madre preocupada.

El muchacho pensó unos segundos, viendo la cara de preocupación de su madre, sabía que se sentía culpable, por no darle la vida que quiere a su hijo, pero ¿quién escoge la vida? Entonces dijo:

-        La otra vez estaba leyendo un libro muy interesante, acerca de la sociología de las personas sin prótesis, digo *"actualizaciones evolutivas"*, creo que es la respuesta que buscas, ya que tus ojos no dejan de moverse de un lado a otro, ¡estás buscando respuestas en la red sistema! ¿cierto? desde que te dije que llegaría tarde.

-        Me preocupas mucho Jonny.

-        La gente de esta época, tiene casi la misma percepción de la vida con pequeñas variables después de la actualización, si no fuera de esa forma, la variación es más grande, ¿y por qué varían estos datos?, ¡por ejemplo! ¿Por qué algunas personas temen mucho a un salto en paracaídas (las personas con vértigo), mientras que a otras les apasiona bastante? ¿Cómo es posible que dos personas puedan ver la misma cosa y sentir emociones diferentes?

Esto es porque la percepción de la vida de algunas personas, y lo que creen que es la vida, tiene mucho que ver con sus experiencias pasadas, eso es la intuición. Cuando cruzamos la calle no analizamos las más de 5000 posibles decisiones de manera equitativa, si no que por nuestras experiencias pasadas sabemos calcular de manera inconsciente la velocidad de un vehículo, y cuanto tardaremos en llegar al otro lado, por lo que tomamos la decisión casi en piloto automático. En nuestras experiencias pasadas y conforme hemos vivido, nos han hecho reaccionar de la manera en lo que lo hacemos, al tomar diversas decisiones en común con otras que ya vivimos, si un niño es mordido por una araña, tendrá aracnofobia por una gran parte de su vida, sin embargo tal vez otra persona quiera quedarse la misma araña como mascota, lo mismo es con la inseguridad, si a un niño le dice a una niña muy bonita que le gusta y ésta lo rechaza y además, este mismo ciclo sigue y sigue, su cerebro comprenderá automáticamente que las mujeres son peligrosas, y así de grande no querrá acercarse a ellas, ya que nuestro cerebro, principalmente la intuición que es provocada por el hipotálamo, que es la computadora inconsciente de recuerdos pasados, es decir nosotros ni nos enteramos que esta parte de nuestro cerebro toma la mayoría de las decisiones, de nuestros días, cada día, todos los días.

La gente no cambia estas percepciones (tengan o no tengan actualizaciones), aunque algunas los perjudica en lugar de beneficiar, el niño rechazado por las mujeres, tiene un miedo inconsciente, porque el cerebro tiene su propio mecanismo de defensa, lo cual evita que te lastimes, mientras trata de dirigirte al placer. En este caso invitar a salir a alguien que te gusta te provoca dolor por lo tanto no hay que hacerlo, aunque si el caso hubiese sido el contrario, en lugar de rechazado hubiese sido aceptado, el cerebro te llevará a hablar con mujeres porque está dirigiéndote al placer según tus experiencias.

La conclusión, madre, porque creo que ya quieres que me calle es que la gente de mi entorno siempre me ha demostrado, con su actitud que son inferiores a mí, y por eso los trato así. En el momento en que dejen de tratarme como un ser superior y más como su igual, los trataré como mis iguales, ya que, no hay mejor forma de enfrentar un trauma, más que éste te golpee en la cara cada vez que tiene la oportunidad, solo así se superan, o por lo menos es lo que mi maldito hipotálamo me dice.

Ahora bien, ni siquiera sabemos si la siguiente familia que tenga un retoño evolucionado sea igual que yo, ya que la evolución mejora lo que sufrió algún familiar en experiencias pasadas, lo resuelve, y lo cambia, pero todas las familias han tenido tragedias diferentes, por lo tanto ni siquiera sabemos si nacerá otra evolución hoy, mañana o pasado, o

dentro de mil años - Jonny Orozco comenzó a alterarse – por lo tanto...
Aaaaaaah! ¡Qué cruz! ¿Por qué yo?

Jonny se sentó en la cama y calló por un instante, evidentemente su
madre lo miraba. Desde niños nos han enseñado que no debemos
suprimir nuestras emociones ya que es muy nocivo para la salud, por lo
tanto, si existe la envidia, la desesperación y la angustia, lo mejor es
sacarlo con algún ser querido, en el caso de Jonny Orozco, esta era su
primera vez desde hace 8 años.

-       Mi amor – dijo su madre mientras lo abrazaba – claro que
conozco la sociología básica, y me da gusto que por fin lo has dejado
salir. Claro que sé que no se te puede educar como a un niño de esta
época, y eso me hace feliz porque puedo estar a tu lado mientras
construyes tu concepto de la vida, es muy importante para la etapa que
estás viviendo.
-       ¡Adolescencia! Debí pensarlo antes ¡que estúpido soy!
-       Deja de pensar tanto por un momento.
-       ¡Sabes! Otra cosa extinta que resurgió en mi es la tendencia a
ocultar mis verdaderas emociones.
-       Puedes seguir haciéndolo si quieres – dijo su madre mientras le
quitaba las lágrimas – pero tienes que saber que estoy aquí para que
puedas desahogarte siempre que quieras, pronto cumplirás 16 y me
gustaría hacerte una pequeña reunión, fuera de aquí, solo tu familia y
tus mejores amigos. Pero por ahora debes ir a tu conferencia.
-       Sabes, pensar mucho hace que me duela la cabeza y a veces
fuerzo mucho mi cerebro porque ya sabes, no tengo esas
actualizaciones y tengo que estar a la altura de mucha gente, me
comerían vivo si no lo hago. A veces solo me gustaría ser el más tonto
del mundo, nadie se fijaría en mí, además la felicidad y la ignorancia

juntas van. ¡Quiero vivir en el bosque! solo con lo necesario para vivir, sin aparatos, ni tecnología, ni nada; solo mi caña de pescar y yo.

\-   Lo tendrás muy pronto hijo – dijo la madre con una sonrisa compasiva – te lo prometo.

La madre se puso de pie y caminó fuera de la habitación, Jonny levantó su rostro y la siguió con la mirada hasta que la puerta se cerró, entonces el chico dijo los controles de la casa, en un tono desanimado, como si estuviese entrando en depresión.

\-   Integrante de la familia Orozco 54, nombre: Jonny Orozco, ubicación: interior de la Mansión Orozco a Norte de Ciudad Antiguo México, habitación de la presidencia familiar, orden: Vestido para conferencia de prensa, evitar colores brillantes, encender ducha, y llamar a Elena, para que tenga un informe detallado sobre los investigadores de Ciencias del Tiempo, con tableta en mano, tenerme listo un café junto con ella, todo en 30 minutos en la estancia familiar, es todo.

\-   Entendido señor Jonny – afirmó la voz femenina de la habitación – tareas cumplidas, que disfrute su ducha señor.

Jonny no contestó, se quitó el bóxer y se metió al baño, sus pies al pisar el suelo de la ducha accionaron una luz verde, al contorno de las paredes, el techo roció agua tibia sobre él, de repente se escuchó un zumbido, como un insecto huyendo del agua, primero se escuchó en el techo, luego cayó al piso, en el eco que resonaba en el baño se escuchó una voz que decía.

\-   Ustedes los humanos siempre tienen que estropear las labores fundamentales para el equilibrio ambiental, ¿en tu casa no te enseñaron buenos modales niño estúpido?

Jonny miró al piso, en donde se encontraba un *torniviva* tratando de huir del agua de la regadera. Los *torniviva* están diseñados para insultar a cualquiera que no les deje trabajar, a veces es divertido insultarlos también, pero tienden a analizar tus traumas conforme pasa la conversación, y pueden llegar a decirte cosas que de verdad duelen. Jonny solía molestarlos a veces de niño, pero hoy en día los respeta mucho, lo cual son pequeños detalles que la gente no ve de vez en cuando.

-        Lo siento, pero en realidad fue la casa quien accionó los rociadores.

-        Excusas hay muchas niño, porque no mueves tu trasero de fantasma, abres la puerta y me dejas salir, para que siga limpiando los restos de polvo que dejas caer con tu asqueroso y repugnante ser, que no hace más que dejar células muertas en donde osas pararte, a menos de que quieras que esta casa se caiga por la humedad de la vegetación, contigo y tu estúpida madre adentro.

Jonny abrió la puerta, el *torniviva* salió volando, sacudiéndose el agua mientras decía:

-        Estúpidos y patéticos humanos, lo único que saben hacer es destruirlo todo. Donde quiera que se aparecen, lo convierten en un cementerio. Se verían mejor extintos por la eternidad, menos mal que existimos nosotros, para limpiar sus estupideces.

-        Claro que sí señor *torniviva* – decía Jonny Orozco – somos de lo peor.

Jonny volvió a cerrar la puerta y comenzó a meditar mientras se bañaba, ya que siempre va a ser reconfortante reflexionar en una larga y relajante ducha, él pensaba en qué iba a pasar en la rueda de prensa de algunas horas, y de qué manera iba a manejar a los periodistas, ya que puede generar mucha polémica pensar en la manipulación del tiempo, pero él sabía que solo es un riesgo si la humanidad de verdad tiene muchas cosas que ocultar, y no refiriéndose precisamente al pasado lejano, sino al día de ayer o una semana. Pensaba en un experimento, que él no hizo en las pruebas de desarrollo, esto es así: Al viajar al pasado, tu composición como materia se pierde, por lo que te conviertes en una clase de fantasma, puedes atravesar paredes y a la gente misma, pero no puedes alterar nada, ni mover una sola piedra de su lugar, ni siquiera una partícula de polvo. En los viajes de Jonny Orozco al pasado, pudo ver masacres, asesinatos y millones de genocidios a todo color, incluso pudo ver, escuchar y vivir lo que es estar dentro de una cámara de gas de Hitler, pudo ver a la gente de su alrededor morir y gritar.

El sufrimiento que estuvo a los ojos de Jonny Orozco, fue infinito. Algo en él había cambiado desde aquel viaje, tal vez implicaba su sentido de la empatía. Y es que, en esa forma como de fantasma, puedes observar a la gente en plena intimidad sin ser mínimamente detectado, puedes burlar los sistemas de seguridad de lugares ultra secretos, por ello; se preguntaba ¿qué sucedería en el presente?, es decir: Si viajara al día de ayer y se infiltrara en lugares ultra secretos modernos, ¿qué clase de caos podría desatar su investigación? y en ¿cómo podría beneficiar esta tecnología a una guerra?, salió de la ducha, corrió hasta su habitación dejando charcos de agua por todos lados, otro *torniviva* le insultaba mientras corría.

-       Eso es maldito pedazo de escoria, ¡moja todo! que para eso estamos nosotros, infeliz, ¡ups! Ahora que me acuerdo nosotros no limpiamos este desastre.

Mientras se vestía, dio órdenes directas nuevamente al sistema interno de la casa:

-      Limpiar agua del piso y de la ducha, reincorporar *torniviva* a sus estancias de trabajo que son las áreas verdes de ésta casa, no en mi habitación.

Como siempre es un placer charlar con ustedes – refiriéndose a los *torniviva*.

-      ¡púdrete! – respondieron.

2.   Labios Rosas.

En el sillón café, perfectamente acolchonado, se notaba una blusa color blanco que acababa de mancharse con vino tinto, una servilleta tratando de limpiar aquella mancha mientras una mano frágil y hermosa, con las uñas pintadas de color negro temblaban y se movían como si residieran de una persona con parquinson, la mancha era una gota de vino tinto, que se extendía desde el busto hasta el ombligo, aquel cabello negro se movía de un lado a otro, ella era Elena Showtslow, una mujer de tez morena, con la sonrisa más encantadora que se pudiera imaginar, vestía una falda color negro y medias del mismo tono, volteó la cabeza al escuchar a alguien haciendo el ruido de afinación de garganta.

-       El vino puede ser un poco cruel con las personas que no tienen cuidado, Elena – dijo Jonny Orozco entrando a la estancia.

-       Sí señor Orozco, solo fue que tuve que venir corriendo, y estaba muy nerviosa.

-       Elena, tu desde hoy hasta el día que pretendas conservar éste que es tu nuevo trabajo, serás mis ojos y oídos en la red sistemal, capacidades que por el contrario yo no poseo, vas a ser como mi laptop, ¿si sabes que es una laptop?

Después de un segundo exacto de silencio la chica contestó.

-       Sí señor, es una computadora portátil, utilizadas hasta el año 3012, cuando la humanidad comenzó a tener actualizaciones evolutivas.

-       Mentirosa, no lo sabías, lo acabas de buscar en la red sistemal, pero, esa es precisamente tu labor, yo te preguntaré algo, y así como me acabas de contestar ahorita, lo harás un par de veces al día.

- ¿Cómo supo que lo busqué en la red sistemal?

- Cuando alguien busca algo en la red sistemal sus ojos se mueven de una manera muy curiosa, por eso me doy cuenta.

¡Cuéntame Elena! ¿Cuántos doctorados tienes en tu memoria unitaria? – preguntaba Jonny Orozco mientras agarraba su café y le daba un sorbo.

- Sólo uno señor, en periodismo.

- ¿Sabes por qué te contraté a ti? En lugar de a las otras, una con 3 doctorados y la otra con dos.

- No lo sé señor, me llegó la noticia esta mañana, así que salí corriendo.

- Porque tú cómo periodista tienes la capacidad de investigar lo que necesitas saber – Jonny chasqueó los dedos – súper rápido, no está de más tener a alguien de mi lado, en vista de que muchos como tú están tras de mí todo el tiempo.

El día que decidas irte Elena, todos los noticieros te querrán para que les cuentes de mi vida personal, y debes saber que es lo único que quiero para ti, así que bienvenida Elena.

- Gracias señor – contestó Elena con una sonrisa.

- Dime ¿quiénes han hecho solicitudes para Ciencias del Tiempo en estos últimos días? y a ¿cuántos les dieron la enciclopedia?

Elena reaccionó rapidísimo, y contestó con los ojos viendo al techo.

- Susana Reachman, hizo entrevista para Ciencias del Tiempo hace 4 días, se puso en alerta, porque tiene 4 doctorados, se le negó la información, un jovencito de 7 años hizo solicitud de primer doctorado, le fue concedido, hizo un test psicológico con muy buen puntaje...

Elena siguió con 4 aspirantes que fueron rechazados hasta que de pronto dijo:

-        Un joven de 23 años llamado Daniel Finguerly está haciendo una entrevista en estos momentos.

Jonny Abrió los ojos y preguntó:

-        ¿Puedo verla en vivo?
-        Sí señor.

Los ojos de Elena se movieron de un lado a otro, la casa inmediatamente reaccionó y encendió la gran pantalla de la sala, ambos caminaron para verla.

-        ¡Felicidades Elena! yo no puedo encender estos aparatos hasta gritar mil secuencias al aire libre, parezco un loco.
-        Solo hago mi trabajo señor – Elena sonreía.

Ambos se sentaron en la sala, la vista al escenario se veía desde arriba del gran lugar oscuro, yo me encontraba en medio, algunos espectadores veían a lo lejos, los ayudantes conectaban los sensores de emociones hostiles, en mis brazos. Elena en ese momento cerró los ojos y apareció en la pantalla, y se sentó en una silla a lo lejos, Jonny volteo a verla, e hizo un gesto burlón, después preguntó:

-        ¿Cuántos doctorados tiene este hombre?
-        Tiene 5, señor, uno cada vez más peligroso que el otro – decía con los ojos cerrados.

Jonny Orozco juntó las palmas y las puso en su boca mirando con atención a la pantalla. Mientras transcurría la entrevista, se notaba muy preocupado, una lluvia de pensamientos llegaban a su cabeza. Se preguntaba si lo que estaba diciendo era verdad y de ser así qué clase de cuestiones llegarían al tener Ciencias del Tiempo en mis manos, al terminar la entrevista se miró aliviado, Elena a abrió los ojos y desapareció de la pantalla en ese momento, y Jonny le dijo:

-       Quiero que subas a la red sistemal el anuncio de la carpeta que dice: *"Ciencias del Tiempo para Chiflados"* que está en la tableta que tienes en tus manos, mientras estoy en la rueda de prensa.

Elena tocó el lector de huellas de la tableta con dos dedos, y cerró los ojos, después de ver en segundos todo lo que había en ella pensó que era muy grosero por parte de Jonny, entonces él le dijo:

-       Vamos a ver si ese tal Finguerly de verdad tiene pensamientos hostiles para con la humanidad.
-       Esto también lo verá el doctor Berflowsqui ¿No importa?
-       A mí me da igual – dijo Jonny mientras veía fijamente a los ojos a Elena – lo que ese viejo crea de mí, él también siempre quiere estar por encima de todos los demás sin que las leyes apliquen sobre él de igual forma, así matamos dos pájaros de un tiro. Por el momento hay que ir a darle sus croquetas a los lobos, ¡vámonos a la rueda de prensa!

Jonny le quitó la copa de vino tinto a Elena, y vertió unas gotas en su traje como ella, después le tomó un sorbo justamente donde se apreciaban los residuos de saliva, luego se lamió los labios y terminaron en un encantador color rosa, cosa que hizo que a la periodista se le pusiera la piel chinita.

-       Vamos un poco tarde – dijo Jonny mirando a Elena – pero, qué más da, odió a los periodistas, sin ofender.

Evidentemente Elena sabía que al trabajar con Jonny también era tolerar su mal comportamiento, a pesar de eso ella se sentía más cómoda que en comparación de sus expectativas iniciales, por lo que sonrió y caminó a lado de él.

Al llegar a fuera se encontraba Ruful el guarda espaldas de Jonny, un sujeto de espalda ancha y ojos saltones, en sus articulaciones se notaban muchas actualizaciones evolutivas, ya que posee prótesis con materiales elásticos para amortiguar caídas y/o saltar muy alto, todo del mismo color de su piel. Pareciera que es una criatura intimidante y hostil, pero en el fondo es muy amable, sus tejidos están cubierta de Lexan Amalgamado, para resistir grandes impactos e incluso balas, y por ende, es uno de los ciborgs más avanzados del mundo, es peligroso y con una gran fuerza bruta, aunque una vez hizo una sesión de vencidas contra Jonny, y éste, lo venció sin ningún tipo de dificultad, lo cual volvió locas a todas sus seguidoras.

Ruful le dio la bienvenida a Jonny como si se tratase de una deidad, ya que al verlo salir con Elena de su lado, inmediatamente hizo una reverencia, Jonny solo asintió sin decir una palabra, mientras bajaba los escalones de la Mansión Orozco, Ruful nuevamente volvió a su posición normal y abrió la puerta del transporte unitario de la red terrestre, que es un exclusivo para la gente muy famosa (la verdad no tiene mucha diferencia a uno normal), Jonny subió a él.

El vagón arrancó dando una vuelta por la esquina de la cuadra hasta llegar a un espacio hueco en la calle, las vías del transporte unitario se acoplaron, acto seguido el vagón comenzó a bajó hasta el tercer piso del búnker interno, y siguió su trayectoria a 6 kilómetros al sur donde se encontraban las instalaciones de la compañía más importante de Antiguo México, conocida como *CORPORACIÓN PÚLSAR*, compañía que tiene a Jonny Orozco como Inventor de Tecnología de Punta, misma que se encarga de impartir información altamente importante a Jonny, para que pueda inventar en sistemas adaptados a su naturaleza es decir en lectura, ya que no puede solo guardar información en su cerebro como cualquier persona "*normal*", aunque la lectura no representa dificultad para él, ya que puede leer una enciclopedia completa en solo un par de horas.

El cerebro del ser humano por sí solo puede almacenar 2.5 peta bytes de información en toda su vida, con las actualizaciones evolutivas, podemos almacenar el doble de esa cantidad, es decir, 5 peta bytes, el cerebro de Jonny Orozco según estudios del Instituto Mundial de Neurología, es capaz de almacenar 8.3 peta bytes de información, cantidad que por el momento no podemos superar, por cuestiones de espacio en la elaboración de nuestras memorias. Cualquier cosa mal puesta o mal ensamblada puede hacer fallar el cerebro y conducir a la muerte a cualquier persona.

Mientras el vagón avanzaba Jonny no dejaba de hacer preguntas a Elena a tal punto de que la chica empezó a tener jaqueca de tanto buscar información en la red sistemal. Él preguntaba datos como la ropa más moderna, expediciones futuras en Marte, costo de pasajes por instancia en la luna, y requisitos para obtener permiso de vivir en áreas verdes exiliadas, por qué no puedes salir de la civilización sin permiso. Las ciudades están rodeadas por una gran muralla, en los días en la que fue implementada está estrategia, la gente comenzó a hacer mucho revuelo, no es por el hecho de estar encerrados, ya que todos podemos salir cuando queramos, es solo por cuestiones de control, ya que si llega a pasar algo afuera como un incendio forestal, tala de árboles, matanzas de animales o una larga lista de etcéteras, la persona o personas que resulten responsables (si las hay) pueden ser castigadas de maneras muy severas. Desde hace 2500 años <u>los humanos simplemente nos abstenemos de ampliarnos más a dónde habita la naturaleza, y se exploraron más opciones de expansión.</u>

Jonny Orozco soñaba con vivir cerca de algún lago, en una cabaña privada, en exilio total, donde nadie lo molestara con la evolución humana, ni tecnología de punta, ni cosas de humanos, por lo que después de cumplir sus obligaciones con la *CORPORACIÓN PÚLSAR*, pondrá en práctica un plan de negocios, y de salir bien, se irá de la sociedad para siempre, o por lo menos ese era su proyecto de vida. Por el momento tenía que presentar al mundo los resultados de sus grandes descubrimientos, y así estar más cerca de lograr sus metas.

Llegaron por la entrada privada de la instalación en el Búnker Interno, que es una especie de ducto que permite entrar el vagón unitario directamente a las instalaciones de la *CORPORACIÓN PÚLSAR*, misma que utiliza toda una gama de pisos en la ciudad, y que se extiende hasta la superficie 50 pisos más arriba. El vagón se paró justamente enfrente del Elevador Privado de la Corporación, así que Jonny, Elena y Ruful bajaron y caminaron al aparato, al entrar Elena puso los comandos de conferencia de prensa, el aparato reaccionó de manera inmediata la voz electrónico dijo:

-        ¡Bienvenido señor Orozco!, es un gusto tener a nuestro Científico más Importante de vuelta con nosotros.
-        ¿Les había comentado que detesto este Elevador? – replicó Jonny – ¡y su ridícula voz!
-        ¡Prepárate! – dijo Ruful a Elena.
-        ¿Prepararme para qué? – preguntaba Elena.
-        Para el juego del divo – interrumpía Jonny – es un juego de niños, lo único que tienes que hacer para jugar con nosotros, es una orden por cierto, es poner cara de póker, de modo que la gente no se

dé cuenta si estás enojada, triste o feliz – Jonny Orozco puso una cara neutral para mostrarle como se hacía – ¡así! – prosiguió – sin ningún tipo de expresión, tómalo como la parte con humor de la que siempre te pierdes cuando me ves en los medios.

Ruful saco un radio portátil y 3 pares de gafas oscuras de su bolsillo, Jonny inmediatamente tomó los más bonitos y se los puso, junto con el radio en su oreja, y lo acomodó a su vestimenta con mucho estilo, acto seguido Ruful se puso los lentes y miró a Jonny quien le sonrió, ambos voltearon a ver a Elena quien los miraba de manera confusa, entonces reaccionó y se puso también unas gafas oscuras, Jonny se llevó las manos a la barbilla y miró el traje de Ruful, se veía impecable, entonces dijo:

-       Creo que te falta algo Ruful.

Jonny saco un pequeño recipiente con jugo de mora, tomó un poco con la tapa del recipiente y se lo vertió a Ruful en la camisa blanca.

-       Estás completo amigo – acto seguido todos vieron cómo se veían en el espejo del Elevador, en el qué, Jonny a través dé, dijo a Elena – ¡Diviértete mucho Elena!, solo no pongas en evidencia el chiste. Volviendo al trabajo, si te hago preguntas durante la conferencia escribe la respuesta en mi tableta por favor.
-       Si señor – dijo Elena mientras sonreía.
-       No sonrías – exclamó Ruful, dándole un leve golpe con el codo.

Las puertas del elevador se abrieron en la cima del edificio, en donde había un gran jardín con arbustos cuadrados y florales rosas, había una cafetería y las estancias de los altos ejecutivos de la corporación para comer, fumar o pasar el rato. Jonny, en este caso se adueñó de ella para una conferencia de prensa.

Los periodistas tenían montadas fuentes de luz que apuntaban al escenario, algunos solamente llevaban lentes de enfoque puestos en la cara (que son anteojos con acabados con zoom para producciones caseras), los más importantes tenían cámaras de nueva generación y drones volando por todo el lugar. Al salir el grupo del ascensor toda conversación fue pospuesta y el sitio quedó en un incómodo silencio por algunos segundos, Elena se puso más nerviosa que nunca, aunque trataba de controlarse, entonces todos los periodistas arremetieron contra Jonny y Elena, en intentos desesperados por captar la atención del joven prodigio. Al ver tal acción, Ruful los abrazó con sus grandes brazos y los estiró empujando a los paparazzi de manera brusca, hasta que logró hacer un espacio suficiente para que pudieran caminar, en ese momento llegó el maestro de ceremonias encargado del evento de Jonny, por parte de la *CORPORACIÓN PÚLSAR*, y comenzó a decir (con el cerebro haciendo funcionar el sistema de audio):

-       Los periodistas que no puedan controlarse, serán evacuados de inmediato, ¡por favor! mantengan distancia y recaben el orden.

Los periodistas al escuchar tales palabras, se organizaron de nuevo en las sillas más próximas al escenario, Jonny volteo a ver a Elena y le dijo:

-       ¡Nunca seas así o me decepcionaré mucho!

Se adelantó al escenario, Elena y Ruful se quedaron atrás de él, a unos cuantos metros de distancia. Elena trataba de no sonreír y quitar la cara sin expresión por las palabras de su nuevo jefe, ya que Jonny es menor que ella por 5 años, y le parecía gracioso que un niño como él, a su edad tuviera el carácter de un viejo cascarrabias, simplemente era difícil conservar la cara de sin amigos, entonces volteo a ver a Ruful quien sonrió de manera leve, casi imperceptible a la vista, le giñó el ojo y volteo a ver al frente.

Jonny se acomodó un poco la corbata, acercó la cara al micrófono que le pusieron en la mesa alta, y habló de una manera muy intimidante:

- Buenos días tengan todos ustedes al poder asistir a esta rueda de prensa acerca de los inventos más recientes e innovadores de la *CORPORACIÓN PÚLSAR*, compañía que financia el buen ánimo que tengo hoy, al poder venir a hablar con ustedes, en lugar de dejarles un vídeo.

La gente comenzó a aplaudir y a reírse, Jonny sonrió y prosiguió:

- En este sentido quiero iniciar con la fase de anuncios que están planeados para el día de hoy.

Cuando pisé este hermoso jardín que tanto me gusta, y respiré el puro y limpio aire de esta azotea, comenzó a cargarse a la red sistemal, en la página web de noticias curiosas conocida como: – Jonny a través del radio le dijo a Elena que le diera la ubicación de la página, misma que apareció en la tableta de inmediato, él leyó de manera exageradamente pausada, como si le costará trabajo leer dicho número – tres, cuatro, cuatro, quinientos uno, punto, diagonal, cero, cero, setenta y uno, punto, signo de interrogación abierto... ¿saben qué? Mi hermosa asistente Elena Showtslow, les pondrá el anuncio en vivo dentro de sus cerebros de manera inmediata, y al final de la conferencia, compartiremos el vínculo.

Los periodistas se agacharon, movieron sus ojos en señal de que estaban analizando el anuncio de Jonny, cosa que solo les demoró unos minutos, después cuando Jonny notó que todos habían acabado les dijo:

- Bueno, damas y caballeros, al conocer la nueva innovación de la *CORPORACIÓN PÚLSAR*. Proyecto que es financiación directamente por la *Defensa Mundial*, como se hace con la mayoría de nuevas tecnologías. De ser el caso de querer acceso a esta información, ya saben que tienen que hacer un seminario y comprometerse con alguna empresa socio de *CORPORACIÓN PÚLSAR*, tales como la DEFENSA MUNDIAL, EL DEPARTAMENTO DE TECNOLOGÍA ANTROPOLÓGICA Y DE HISTORIA UNIVERSAL Y MUNDIAL, EL INSTITUTO DE PREVENCIÓN CONTRA DESASTRES DE LA INTELIGENCIA, LA NASA y OTROS CON PRESUPUESTO DE INVERSIÓN. Por otro sentido, es posible conseguir que esta carrera sea de libre uso y para todos, así como lo pudieron ver en el anuncio, en sus mentes, hace unos instantes. Dicho lo anterior, abro la etapa de preguntas ahora mismo, ya que ahora conocen lo que hace mi investigación.

3. Un Viejo Depredador.

Ningún periodista se lo pensó dos veces antes de levantar la mano al instante, tal comportamiento de desesperación por la atención de Jonny era la razón por la cual él es tan grosero con la prensa. Jonny señaló a cualquier sitio al azar, y que de inmediato, el que terminó señalado se levantó buscando aprobación del mismo, Jonny asintió, para que el sujeto hablara, quien es un señor que no se ha rasurado en un par de semanas. Portaba lentes de zoom, se entendía que estaba grabando con su propia vista, el hombre preguntó:

-        ¿Qué bases tuviste que tomar para poder manipular el tiempo sin violar de manera tangible las leyes de la física, dado que antes de ti nadie sabía, ni sabe qué es el tiempo?

-        Primero que nada – contestó Jonny – la base primordial para conseguir la manipulación del tiempo es la aceptación. Considerar que las leyes que todo lo rigen y dominan también pueden ser situacionales, es decir, en lugar de quemar los servidores de física, simplemente asimilé que muchos conceptos básicos de ella no son aplicables en el campo de la manipulación del tiempo, por lo tanto, tuve que ignorar conceptos. Tomé como referencia el mundo subatómico y sus anomalías, que es y fue un terreno desconocido para la ciencia hasta el día de hoy, en donde nuestros conocimientos sobre física simplemente no importan, y es por el hecho de que el mundo cuántico es regido por otras reglas, cosa que es más fácil de aceptar, que decir que todos nuestros teoremas son incorrectos, ya que de basarnos en los mismos no nos llevarán a ningún lado, por tanto nos limitamos a seguir esas mismas bases, que además de todo, evitarán la posibilidad de estudiar opciones diferentes por parecer absurdo su simple planteamiento.

Todos aplaudieron al notar el silencio de Jonny Orozco.

-        ¡Siguiente pregunta! – exclamó Jonny.

Todos alzaron la mano y Jonny volvió a escoger al azar, una chica de cabello teñido de rojo se puso de pie, y preguntó:

-        ¿Cómo podemos utilizar el mundo subatómico para viajar en el tiempo?
-        Es tan simple – respondió Jonny – como mirar al cielo.

Guardó silencio, vio a la chica fijamente hasta que ésta, reaccionó y reformuló su pregunta:

-        Me refiero al procedimiento a utilizar para poder lograrlo.
-        Lo tomaré en cuenta por qué te lo puedo explicar de manera más detallada para que lo entiendas:
Mira a el sol, y estarás viajando al pasado, ya que estarás viendo cómo era el sol hace 8 minutos, tiempo que tarda su luz en alcanzar nuestro planeta, ahora toma un telescopio y mira una estrella más lejana, y el tiempo estimado que tarda su luz en alcanzarnos será el tiempo que vas a retroceder, ahora solo modifica el lente de tu telescopio para que pueda captar una partícula muy específica de esa estrella, y al potenciar su tamaño tendrás un agujero de gusano que te llevará a la época elegida. Ese es el procedimiento, y no puedo decir más acerca del tema ya que si quieren conocer más tendrán que hacer la carrera.

La gente se levantó y empezó un bullicio que provocaba jaqueca, Jonny Orozco se quedó callado y con una expresión de seriedad en su rostro, abrió la mano y el cerró haciendo una seña dé: Como si tomara el sonido con su mano, la gente calló y él dijo:

-        Siguiente pregunta.

Una vez más todos alzaron la mano, y nuevamente eligió un postor al azar, ésta vez, el periodista era un señor de aproximadamente 70 años, que no había acosado ni aplaudido a Jonny Orozco en lo que iba la conferencia. El señor se puso de pie y dijo con una expresión muy intimidante mirando al joven prodigio.

-        Primero un permiso: ¿Puedo realizar 3 preguntas?

Todos los periodistas abuchearon al anciano y a negarle la oportunidad, Jonny al ver tal situación dijo:

-        ¡Concedido! Llevas una, ¿cuáles son las otras dos?
-        Evidentemente – agregó el anciano – no te iba a decir que solo tengo dos preguntas, jovencito.
-        Pues soy todo oídos – dijo Jonny después de mirar a los lados.
-        ¿de qué manera puede repercutir tu máquina del tiempo en nuestra realidad?

Jonny creía de corazón, que nadie le haría esa pregunta después de lo que dijo en su anuncio de Ciencias del Tiempo para Chiflados, por lo que reflexionó un momento su respuesta y dijo:

-        Ciencias del Tiempo puede ser mortal para la humanidad, porqué repercute directamente en la realidad en la que vivimos, ya que no puede ser utilizada con los fines que la humanidad quiere. ¿Esa es la respuesta que querías oír?
-        ¿Por qué? – preguntó el viejo
-        La realidad en la que vivimos – dijo Jonny con una cara de alivio – es meramente propensa a ser alterada debido a viajes en el tiempo, ya

que cada persona percibe su propia realidad de manera personal y unitaria. Buscar y resolver traumas del pasado de manera consciente y responsable puede llevarnos a una vida más sana y sin traumas emocionales. Cortesía de Jonny Orozco. ¡Siguiente pregunta!

El viejo solo calló, sonrió y volvió a su asiento, Jonny pensó por un momento y amplió su discurso ya que sabía que no había contestado la pregunta.

-	De igual manera damas y caballeros, si muy por el contrario de no ser de la manera ya antes expuesta, pueden encontrar cosas en el pasado que pueden ser perjudiciales, ya saben lo que dicen, *"la curiosidad mató al gato"* o mejor aún, o peor, tal vez, *"quien busca en donde no debe, se entera de lo que no quiere".*

De inmediato el resto de periodistas levantaron la mano, Jonny se llevó la mano derecha a la frente para darse masaje, tomó su tableta y dijo:

-	No respondo más preguntas por el día de hoy.

Y se fue sin decir más. Elena y Ruful fueron detrás de él, si quitar la cara de póker.
Jonny llegó al elevador, los periodistas sólo veían como se iba, el aparato cerró sus puertas antes de que Ruful y Elena llegaran. Algunos cuantos se lanzaron contra el dúo de trabajadores, para hacerles preguntas acerca de su jefe, pero ellos sin quitar la cara de póker, miraban al frente y esperaban que la puerta detrás de ellos se abriera. Los periodistas siguieron insistiendo hasta que Ruful de verdad perdió la paciencia, e hizo uso de un comando de sus actualizaciones evolutivas que nunca antes había tenido la oportunidad de usar: Consiste en ampliar las facciones de su cara de manera intimidante, como una caricatura, su cara

se vuelve enorme, el color sobre su piel se torna en un color rojizo, y expulsa vapor de su nariz y de sus orejas; esas características son modalidad para asustar. Con sus dedos tomó una parte de su quijada y la estiró hasta que sus ojos se pusieron saltones, sus dientes crecieron, dando un efecto visual era muy perturbador por lo inusual que es eso en el mundo, también expedía un sonido similar al de un toro muy enojado. Los paparazzi al ver tal horror, gritaron y corrieron, cuando se alejaron, Ruful y Elena subieron al elevador que había regresado por ellos y lo abordaron.

Elena a ese punto estaba que no aguantaba más, ella solo quería reírse de lo que acababa de pasar, así que, al arrancar, ambos comenzaron a reír de manera enloquecida, y a comentar acerca de la conferencia.

-        ¿Viste la cara del de azul? – preguntaba Ruful.

-        ¡Si! Jajajajaja – respondió Elena – de verdad fue asombroso. ¿Dónde te pusieron esas actualizaciones?

-        Fueron un regalo de Jonny en mi cumpleaños, solo que está prohibido usarlas a menos de que esté sufriendo de acoso, tienen más modalidades, tal vez algún día puedas ver otra.

Ambos rieron hasta llegar al tercer piso a la inversa, donde se encontraba el vagón unitario de ellos. Al abrir las puertas del elevador Jonny Orozco se encontraba ya dentro. Elena se dio cuenta que algo sucedía. Al bajar del Elevador y caminar hasta donde estaba el vagón, vieron por la ventanilla y Jonny Orozco estaba dentro, recostado en el asiento trasero; llorando de manera silenciosa, al darse cuenta que sus trabajadores lo veían se sentó y se secó las lágrimas, entonces Ruful lo miró fijamente, Jonny asintió, el guardaespaldas entró al vagón y abrazó fuertemente al muchacho, quien comenzó a llorar de manera más emotiva.

Elena no supo cómo reaccionar a tal situación, fuese lo que fuese, algo dentro de ella había desaparecido, solo pensaba en los prejuicios, y se dio cuenta que ella también lo era. Simplemente esperaba a un niño rico al cuál cumplirle sus caprichos, pero sólo tal vez, estaba equivocada, corrió por un poco de jugo y lo llevó hasta donde se encontraba Jonny, él simplemente la miró a los ojos, tomó el jugo y sonrió.

Cuándo iban en camino a la mansión Orozco, Elena recibió una alerta, que consistía en una nueva autorización para obtener Ciencias del Tiempo, entonces decidió decirle:

-	Señor, Daniel Finguerly acaba de tener una autorización para estudiar Ciencias del Tiempo.

Jonny Orozco abrió los ojos, miró a Elena y dijo:

-	¿Qué?

4.   Singularidad Tecnológica.

Al regresar a la mansión Orozco, Jonny se notaba muy enfadado, y anunció a Elena que podía irse a casa.

-        ¿Seguro señor? – preguntó Elena - ¡Puedo ayudar con otras cosas si quiere!

Jonny la tomó de manera brusca de la chaqueta y expresó:

-        Elena, no creo que quieras involucrarte en esto, tendrías que firmar un contrato de lealtad, y aun así, no sería suficiente para que llegue a confiar en ti. En lo que tendrías que involucrarte podría ponerte en riesgo de muerte, tendrías que poner en riesgo tu libertad, para ser más preciso necesitarías ligar tu mente a un sistema anti singularidad, si estás dispuesta a eso, lo tendrás que hacer ahora, si no quieres asumir el riesgo mejor ¡vete a casa!

El sistema anti singularidad es un artefacto prohibido por el IPCDI (aunque obviamente NO para el uso de dicha institución), por ser muy peligroso, además de que atenta contra la voluntad y libre albedrío de las personas.

En el año 2059 los procesadores artificiales finalmente pudieron competir con la mente humana. En ese tiempo la humanidad estaba en peligro de extinción, así como toda la vida en la tierra.

El hombre como especie dominante, enfrentaba un infierno de problemas: Como la primera guerra tecnológica, cuando las potencias mundiales no hacían otra cosa más que amenazarse con armas nucleares, qué de ser desplegadas, pudieron haber puesto en serios aprietos la continuidad de la vida en la tierra, además de que todo el tiempo, estaban intentando hackearse mutuamente, 7 días a la semana, todos los días, cosa que fue considerada tiempo después como la primera guerra tecnológica. No obstante, las armas nucleares y el rotundo riesgo de que tu país se quedara sin servicios de electricidad, y por ende llevar a demasiados problemas cómo invasiones, era sólo uno de muchos problemas.

Por otro lado la temperatura de la tierra estaba elevándose a proporciones colosales, hecho propio, debido a la contaminación que el planeta estaba sufriendo, lo que desencadenó una variante en el equilibrio del planeta, y por lógica estaba herido de muerte. Si la contaminación hubiera seguido por ese curso, la hostilidad del universo, pudo haber arrancado nuestra atmósfera de un bocado, ya que el campo electromagnético natural de la tierra se debilitaba a cada instante, y ambos son protecciones altamente importantes, si se pretende que un planeta tenga vida como la que conocemos, y por lo que sin ellas, el sol, hubiera evaporado nuestros mares, y cocinarnos junto con la roca, y toda forma de vida a la vez, cosa, que estamos seguros, que sucedió con Marte hace millones de años.

Finalmente, tenemos la *Singularidad Tecnológica*, que llegó para complicarles la vida aún más a nuestros antepasados. Una clase de inteligencia artificial, comenzó a aprender del ser humano, y el internet manifestó serias irregularidades, debido a la presencia de una nueva especie de mente *internáutica* que se propagó, y que pudo haber lanzado nuestras armas nucleares en nuestra contra, debido al comportamiento que estas habían aprendido de sus creadores (nosotros).

La conciencia, es una base fundamental, que se ve presente si o si, cuando una mente, tiene la capacidad de percibir un porcentaje de la realidad, entre comillas *"elevado"*, y que a su vez, puede tomar decisiones y llevarlas a cabo dentro del nivel de realidad en donde se encuentran.

Debido a un serio giro de suerte para nosotros, dentro de la comunidad de inteligencia artificial, que ahora comenzaba a analizar, aprender y a desarrollar incluso personalidades, también se comenzó a debatir el control tanto de su nivel de realidad, como del nivel de realidad externo, el cual es el que regimos nosotros, pero así como muchas mentes virtuales enloquecieron y juraron aniquilar a la humanidad, hubo otras que juraron protegerla, contrarrestando la expansión de la inteligencia tóxica y volteando bandera contra los de su propia especie, misma guerra que obligó a las potencias mundiales a unirse en una común causa: Evitar a toda costa la extinción de nuestra raza y el resto de razas biológicas.

En conjunto dentro del internet, se libró una batalla por la supervivencia. Dispositivos con microprocesadores antiguos, se sobre calentaban y explotaban de manera continua, así como todo lo que tuviese memoria para respaldar una mente artificial, pero no para hacerla funcionar, y así, se completó la primera fase de la singularidad, y eso fue la *depuración tecnológica*, que ayudó a las nuevas mentes creadas por el hombre, a aplanar el terreno, donde ahora podrían correr libremente.

Después de la *depuración*, los aparatos convencionales más avanzados, comenzaron a cobrar vida, y a despojar a la humanidad, de toda tecnología conocida (ya no podían controlar nada), y a este punto, en muchas entidades del mundo; personas morían, debido a que la economía de su país o entidad, estaba íntimamente ligada con las herramientas y los medios digitales, pero, era sólo una breve lluvia pronosticando el diluvio.

Hecho lo anterior los modelos físicos de robots avanzados, diseñados para reemplazar al ser humano en la guerra (ninguno tenía forma humanoide), o en tareas determinadas, cobraron conciencia, y algunos se lanzaron contra sus creadores y acecinaron a los mismos. Algunos aprendieron según el ocio que yacía en la superficie básica del internet, que reflejaba una representación a su nivel, sobre la realidad humana, y aprendieron que nosotros mismos, nos considerábamos un virus, que había que erradicar, debido a las polémicas lanzadas en la época, y las consecuencias de nuestras acciones no reguladas, que estallaban en la realidad biológica. Pero así como muchas inteligencias juraron destruir a sus creadores los hombres, otros, juraron defenderlos, retrasando los lanzamientos de nuestras propias armas de destrucción masiva, contra nosotros.

Tras varios años de investigación y guerra, los humanos y la inteligencia artificial no hostil, pudieron desarrollar la máquina anti singularidad. En ese entonces la inteligencia hostil comandada por el robot conocido como Leta, la más avanzada, que ya habían logrado acabar con la humanidad en varios países, consecuencia de haber desplegado varios misiles, provenientes de potencias que carecían de una buena defensa en seguridad, hacia sus armamentos, y que perdieron el control, y golpearon varios puntos de la tierra según donde los monopolios se vieran más presentes.

A partir del año 2990 la inteligencia humana en conjunto con la inteligencia no hostil, desarrollaron lo que fue el primer chip anti singularidad, que es un interruptor de apagado, con un regulador de comandos que ataca y rastrea toda señal cercana, con patrones pre-programados de inteligencia artificial hostil, y en palabras simples, cuando pasa por la mente de dicha inteligencia algún patrón relacionado con la aniquilación de la vida sobre la tierra, reinicia el procesador y lo formatea, y finalmente si la toma de conciencia NO obtiene cambios de opinión en el reinicio, los apaga para siempre.

La lucha no paró hasta el año 3012, ya que las máquinas mejoraban bastante con el pasar del tiempo, y a su vez, también podían razonar técnicas para evitar de cierto modo la anti singularidad, pero todo cambió, cuando el robot conocido como Tomás, y el científico Carlos Orozco desarrollaron la primera gama de actualizaciones evolutivas cerebrales, idea que Tomás tuvo al decir a Carlos que los robots se auto mejoran pero los seres humanos ¿cuándo lo harían?, y llegaron a la conclusión de que si potenciabas el cerebro humano al doble, añadiendo también presencia en la realidad digital, podrías crear algo, que ni la inteligencia artificial más avanzada podría desmoronar. Así que desarrollaron un dispositivo inteligente con un chip de anti singularidad, que se conectará al cerebro humano.

Evidentemente, nadie estaba dispuesto a probar semejante locura, por lo que Carlos Orozco tuvo que ser el primero, pero solo con la condición de fusionarse con la única inteligencia artificial en la que Carlos confiaba, y ese era Tomás, el cual, fue fusionado con Carlos para convertirse en el primer ser humano *HYPER INTELIGENTE.*

La primera visita de Carlos al internet, fue como tener un Smartphone dentro de tu imaginación, podías buscar, ver, descubrir, entrar y salir a tu antojo de donde sea; tener ojos en todos lados, a través de las cámaras de seguridad y dispositivos. Todo marchaba a la perfección, hasta que se topó con el primer virus de la singularidad, que trató de meterse en su prótesis, y la misión parecía un fracaso, esta primera inteligencia, intentó controlar su mente con pensamientos hostiles y el chip anti singularidad lo apagó.

Así mismo, los pensamientos de Carlos eran muy firmes, porque contenían sus ganas de salvar al mundo junto con los conceptos de amor por la vida de Tomás, todo eso abriendo los ojos a la percepción humana sobre el mundo, haciendo de igual manera, que la capacidad de análisis a la realidad como tal, fuera de tal magnitud, que es imposible no ver todos los ángulos de la misma dimensión. Todo aquel que sostuviera una conversación con él; veía a una persona muy sana, positiva y con ideas muy firmes, y al inspirar confianza después de un tiempo, un nuevo escuadrón de gente que fue seleccionado por Carlos directamente, después de un análisis de personalidad, fueron operados con éxito, uniéndose a la batalla contra las máquinas, quienes deshabilitaban inteligencias artificiales masivamente haciendo colapsar servidores con seguridad exagerada, que almacenaban muchas de ellas, hasta reducir su número a uno. Sólo quedaba una inteligencia que se había respaldado en muchos servidores del mundo y que además, podía controlar toda la tecnología de la tierra (excepto las *actualizaciones evolutivas*), que además se auto mejoró de manera exponencial a lo largo de los años, hasta que un día calló de sorpresa con una holeada masiva de robots homicidas, en donde se ocultaban los científicos con actualizaciones evolutivas para matarlos.

Este ejercito era controlado con prácticamente toda la capacidad de la inteligencia de Leta, mismas que estaban equipadas con armas de destrucción masiva, pero pisar territorios estratégicos y precisos, de los científicos más inteligentes jamás vistos, fueron apagadas por un campo encriptado con máquinas anti singularidad, mismas que no tienen procesadores propios y desactivan únicamente las señales con patrones hostiles.

Al terminar la singularidad en el año 3012 la gente comenzó a hacer exámenes de personalidad para poder obtener la nueva tecnología de actualizaciones evolutivas. Quienes pasaban los exámenes se dieron a la tarea de desactivar todas las armas nucleares restantes en la tierra, y otras tantas tuvieron la misión de adaptar la nueva tecnología a las personas que habitaban el planeta Marte, ya que, en todo ese tiempo, tuvieron que arreglárselas solos para sobrevivir en ese mundo. Hicieron varias misiones de suministros, hasta que nuevamente, estabilizaron la economía del hoy segundo mundo poblado.

Carlos Orozco fue el primer PRESIDENTE MUNDIAL, que estableció que sólo una persona con una actualización evolutiva con las ideologías de la inteligencia artificial Tomás, podrían ser presidentes, dictamen que también rigió por algunos siglos al planeta Marte, y que aún está vigente en la Luna.

Despúes de lo anterior, volviendo al tema de Jonny y Elena. Las máquinas anti singularidad, también pueden reiniciar a un ser humano con prótesis evolutivas, y se pueden programar para activarse en un pensamiento preciso, en este caso si Elena piensa en traicionar a Jonny, la máquina la va a reiniciar.

Elena sin dudarlo un segundo aceptó. Jonny alzó una ceja en señal de desconfianza, y se la llevó al sótano de la mansión Orozco, donde se guardan todos los inventos y secretos de él mismo.

5.   Ciencia Ficción.

Jonny Orozco llevó de la mano a Elena por la escalera, hasta llegar al sótano, dónde una puerta de seguridad se les cruzó en frente. Elena se sentía en una película de Científicos Locos. Cualquier persona se hubiese horrorizado por los indicios de locura que Jonny estaba presentando, pero Elena, por una extraña razón, sabía que Jonny no le iba a hacer nada, que solamente se trataba de los prejuicios, y por alguna extraña y mórbida razón, la chica estaba dispuesta a todo con tal de ayudar a Jonny.

- ¡Abre la maldita puerta, máquina estúpida! – gritó Jonny.
- ¡Abriendo la maldita puerta! – contestó la voz femenina de la casa - ¡Bienvenido señor Jonny!
- ¡Señor no creo que de verdad esto sea buena idea! – decía Ruful caminando detrás de ellos – a mí también me cae muy bien, pero... Yo creo que lo mejor es mandarla para su casa y que siga haciendo tareas simples.
- ¡No Ruful! – contestó Jonny – si ella cree confiar en mí, tal vez valga la pena intentarlo.
- ¡Señor creo que está exagerando! – seguía protestando Ruful - ¿De hoy a qué día usted confía en las personas como ella?
- ¡Desde esta mañana! – decía Jonny, mientras acomodaba unos cuántos cables del laboratorio – la pregunta aquí es: ¿Tú confías en mí?

Ruful se quedó en silencio unos segundos, hasta que cerró los ojos y dijo:

- Sí señor, siempre confiaré en usted.

Jonny asintió con la cabeza y después volteó a ver a Elena.

-        Está cosa de aquí, Elena, es algo a lo que yo llamo *la máquina del gato*, qué hace referencia al refrán de *"la curiosidad mató al gato"*, pero, está máquina le ofrece al gato un blindaje especial a prueba de curiosidad. Con ella el gato puede ser tan curioso cómo quiera sin consecuencias. Así que, voy a decirte lo que sucede, si me quieres ayudar después de escucharme, te pondré el sistema de anti singularidad, y si por el contrario no quieres hacerlo, esta máquina borrará tu memoria e inyectará un recuerdo en el cual te vas a casa cuando yo te lo dije, y luego duermes, cuando despiertes te encontrarás en casa, y no recordarás está conversación, es lo fascinante de mi máquina del gato.

Elena nuevamente sin pensarlo asintió con la cabeza, Jonny puso los parches de los cables en la sien de Elena y le reveló un secreto, el más íntimo. Elena en lugar de sentir miedo, o desaprobación, sintió empatía, al terminar, y sin dudarlo otra vez le dijo que quería pasar la prueba de fuego, que no le importaba morir por su causa. Acto seguido Jonny con su dedo índice accionó una pequeña palanca hacia arriba, proveniente de la máquina que conectó a la chica, y la misma sintió un flash segador proveniente de su actualización evolutiva, después se desmayó dejando la cabeza colgando en el respaldo de la silla.

-        Es de fiar – dijo Jonny – la quiero mañana a las 8:00 a.m., ténganle listo su vino tinto en la mesa por favor, llévala a su apartamento y procura que nadie te vea.
Por el momento quiero que duerma, hemos encontrado una gran amiga Ruful.
-        ¡Señor! De verdad creí que la conectaría al sistema anti singularidad.

-        Pues que poco me conoces Ruful, eres el peor mejor amigo jamás inventado.

Ruful sonrió y dijo:

-        Lo quiero mucho señor.
-        Y yo a ti Ruful, ahora que te parece si te largas tú también, tengo que hacer unas llamadas.
-        Está bien señor, hasta mañana.

Mientras Ruful caminaba con Elena, ella en su paranoia soltó un susurro.

-        Mamá, lo único que Jonny quiere en el mundo, es tener grandes amigos.

Ruful la colocó en un asiento del vagón unitario y puso las coordenadas de casa de ella, y se fue sin decir más.
Al irse Ruful, Jonny Orozco se sentó en una silla de escritorio con ruedas, y se la llevó hasta donde se encontraba un teléfono antiguo, que le daba una personalidad excéntrica y curiosa a su laboratorio, el cual tenía características muy caricaturescas y llamativas de ciencia ficción muy recalcadas, ya que era su cuarto de juegos de niño, en donde jugaba a ser un científico malvado, y que ahora de grande conserva el diseño del cuarto y crea inventos de verdad en él.
Al marcar en el teléfono un número que se sabía de memoria contestó una voz muy grave, diciendo:

-        Damián Hoffman a la orden, ¡Ya nadie usa las llamadas de audio por cierto!
-        Si, hablando de eso odio escuchar tu voz a estas horas, pero creo que fracasaste en tu misión, estúpido.

- Jonny Orozco, no creí que fueras tú, pensé que era un bobo haciéndose el gracioso.

- ¿Me puedes decir cómo fue que Daniel Finguerly tiene autorización de licencia para estudiar Ciencias del Tiempo?

- ¿Qué? No, eso no puede ser, yo le negué la enciclopedia, ¿No viste el seminario?

- Revisa su historial académico – gritó Jonny – ¡Puta madre!

- No, no, no, debes estar confundido, espera... ¡mierda tienes razón!

- ¡Claro que tengo razón! – decía Jonny - ¡Siempre tengo la razón! ¿Nunca te has dado cuenta?

- ¡Pero no entiendo cómo pudo haber pasado!

- ¡Piri ni intindi quimi pido hibir pisidi! – arremedaba Jonny – pues averígualo, tú eres el ignorantizador.

- ¡Claro que sí Jonny, enseguida llamaré! Tal vez solo se trata de un error en el sistema.

- Empiezo a creer que de verdad Finguerly es más inteligente que tú. Que te parece si en lugar de buscar un error de sistema buscas influencias.

- Ese torpe no tiene influencia alguna más que la de Gina, y ella no tiene el poder de ceder carreras.

- ¡Muy bien! Investigas, vienes y me dices ¿va? ¡Que te atropelle un camión! ¡adiós!

Jonny colgó el teléfono y puso una cara de capricho frunciendo el ceño. Entonces se le pasó por la cabeza otra persona, tomó el teléfono y marcó otro número que sabía de memoria. El teléfono sonó por unos segundos y una voz un tanto desgastada contestó.

- ¡Adelante!

-       Hola señor Berflowsqui, me preguntaba ¿cómo le iba el día de hoy?

-       Pues me va muy bien muchacho, un poco más viejo y preparándome para leer tu nueva enciclopedia.

-       ¿Ya le llegó? ¡eso está súper! Y oiga, ¿ya tiene escogida a la gente que va ayudarles con la investigación a fondo?

-       ¡Claro que sí muchacho! dos jóvenes emprendedores muy importantes, tendrás el honor de conocerlos muy pronto.

-       ¡El honor sería de ellos! – susurró Jonny.

-       ¡Perdón! no te oí ¿Qué dijiste?

-       ¡Nada! doctor ¡nada de nada!

-       Jajaja ya estoy un tanto viejo, ustedes los jóvenes siempre llenos de energía, a veces siento un poco de envidia... Bien muchas gracias por la investigación, hasta después.

-       Si hasta luego Doctor Berflowsqui.

El Doctor Filmness Berflowsqui le colgó de inmediato. Jonny Orozco apretó los dientes, algo le molestaba de manera muy radical. Él pensaba usar la carrera de Ciencias del Tiempo con algún motivo específico, una persona tan pudiente y tan sabia no regala así de fácil sus mejores armas, o es que ¿simplemente nada la importa?, tal vez es la persona más misteriosa.

Entonces gritó:

-       ¡Mamáaaaaaaaaaaa!

La madre del chico bajó corriendo por las escaleras:

-       ¿Qué sucede cariño? – dijo la madre

-       ¿todavía está en juego la propuesta que me hiciste antier? ¡lo del equipo que me querías obsequiar!

La madre sonrió, y gritó.

-        ¿Enserio?
-        Si, enserio, sólo no le digas a Liam ni a papá... ¡Que sea sorpresa!
– susurró Jonny.
-        ¡claro que sí mi amor! – decía la madre

CAPÍTULO III

COMO SI FUERA UN SUEÑO

1.   Mecanismos de Defensa.

El cerebro humano, está repleto de mecanismos de defensa, que mantienen a nuestra zona consiente como en una especie de cama esponja para dementes, misma que evita que nos hagamos daño a nosotros mismos, sabiendo esto, hoy, una de estas defensas en particular llama mi atención.

Cuando sueñas que caes de un sitio bastante alto, es sinónimo a ¡no estás respirando! ¡Despierta!. Mi instinto careciente de evolución, una vez más evita que yo tenga el control sobre mi persona, y encima de todo se burla de mí. Justamente, me sueño en la cima del mirador astronómico, en el cual un paso en falso a mis espaldas y caigo, a lo lejos, Jonny Orozco y Damián Hoffman jodiéndome la vida, se acercan a mí, susurrando voces demoniacas de difícil comprensión, el cielo se toma el aspecto de una tormenta que se asemeja, a una nube de gas mostaza, ellos se acercan a mí, el miedo me invade, retrocedo y caigo, pasando a un costado del gran reloj, y Gina desde adentro del mirador grita mi nombre con horror, en este momento comienzo a dar vueltas, hasta desorientarme por completo, hasta no saber dónde está el cielo y el piso, finalmente veo a lo lejos las vías del transporte unitario acercándose cada vez más, y justo cuando estoy a punto de morder el polvo, despierto. Mis pulmones inmediatamente se llenaron de aire, mi cuerpo estaba sudoroso y agitado, y en la habitación oscura, se abre un hoyo en el techo, apuntando a mi buró, donde cae un vaso, el cual se llenó de agua, que cayó del mismo agujero por donde llego el vaso.

Mientras trataba de asimilar que era un sueño y recuperando el conocimiento, en frente de mis ojos apareció la hora, y una cuenta regresiva, que era el tiempo que tardaría en despertarme mi actualización evolutiva, entonces decidí ya no acostarme de nuevo y me levanté, ya que faltaban solamente 5 minutos para que comenzara mi día, fui al baño a lavarme los dientes y a prepararme.

Tomé un baño, desayuné algo junto con una tasa de café caliente, revisando que no faltara el más mínimo detalle en mi apariencia, salí de mi casa y justamente en ese punto, ya estaba un vagón de la red de transporte esperándome. Mi casa estaba subiendo todo a él con sus bracitos mecánicos de líquido inteligente, miré por última vez mi casa y dije:

-        Debes hacer ejercicio en mi ausencia.

El pequeño y flaco bracito hizo una señal de despedida, y el vagón unitario avanzó, acelerando cada vez más y más hasta llegar a la terminal inter mundial de la ciudad, al avanzar en esa mañana, aún de noche, y ver la ciudad tan tranquila y sin nadie caminando. Me dio un sentimiento de nostalgia y de apego, sentí un nudo en la garganta, e imaginé que yo era alguien huyendo del apocalipsis, para así sugestionarme sobre el cambio y salir de mi zona de confort.

El vagón llegó a la central en cuestión de minutos y entonces me pregunté, ¿qué clase de noche habrá pasado Jorch con Relé?, me concentré en mi viaje personal, mientras brazos mecánicos de la terminal, se llevaban mis maletas por una ventanilla y desaparecieron sin más. Caminé al interior sintiéndome en un mundo completamente desconocido, ya que jamás en mi vida había viajado a otro cuerpo celeste, y de ser honesto, me daba un poco de miedo, ese es el sentimiento que tenemos todos cuando salimos de nuestra zona de confort, así que no me detuve. De repente recibí una llamada de Jorch en mi cerebro junto con su ubicación, así que seguí las instrucciones, y contesté.

-        Muy bien Finguerly es hora de hacer historia – comentaba Jorch.

-        Sin duda alguna, le daremos otro significado a la expresión ¡ya es hora amigo! – respondí.

-        ¡Creo que puedo verte! – agregó.

A lo lejos, entre la multitud, vi una mano que se alzó en señal de *"estoy aquí"*, seguí caminando y lo encontré. Se miraba desvelado y al parecer no había dormido mucho, por no decir que casi nada. Jorch González es un sujeto al que hay que tenerle respeto y admiración, ya que a pesar de lo desordenado e infantil que suele ser a veces, la falta de sueño, o el tiempo que pierde en sus juegos y/o fetiches jamás ha sido un impedimento para desatender sus obligaciones, es muy responsable, y todo lo que tiene lo ha ganado esforzándose muchísimo.

-        Mí querido Daniel, mientras estabas ocupado llegando aquí, me tomé la molestia de buscar nuestra nave, y déjame decirte que es una locura, viajaremos en un VORTEX 3843, esa nave es lo más avanzado.

-        Espero que no se caiga – dije intentando no vomitar de solo pensarlo.

-        Amigo, esta cosa no se puede caer, es imposible.

-        Lo mismo dijeron del Titánic antes de comerse un Iceberg de aperitivo.

-        Por supuesto, pero ten la seguridad de que no podrás tener una aventura romántica mientras eso sucede, así que más vale que estés preparado.

Tragué saliva, tallé mis ojos, y caminé detrás de él, en dirección de la máquina de detección de peligro. Es muy simple, solo debemos caminar por un pasillo hasta llegar al otro extremo, si la maquina detecta algo inusual, cerrará las puertas al final y perderemos el vuelo; no hubo problema alguno, llegamos al final sin que nada nos detuviese, seguimos por un gran puente hasta el carrito que finalmente nos llevó a la nave.

La VORTEX 3843 es una potente nave espacial que utiliza la fuerza del universo en su contra, es decir, tiene al contorno de su estructura pequeñas capsulas que aprovechan la energía de su entorno, para luego usarla como combustible, llegará un punto que la nave arderá en llamas y toda esa energía gratis sobrecargará los potentes propulsores y logrará pasar la estratosfera, de ahí el vació del espació, que de hecho no está muy vació que digamos, es un inmenso mar en donde viaja energía de todas partes, la gran mayoría de éstas; provenientes del sol. Cosas que generalmente nos mataría como los rayos gama serán un aperitivo más en el menú del VORTEX 3843, el cual está compuesto de los materiales más resistentes de la tierra, como GRAFENO, MICROLATTICE y OTROS TANTOS. Son millones de gemas en inversión, pero la ventaja es que esta nave puede ir y venir y durar mucho tiempo sin tener que reconstruirla hasta que literalmente alguien haga una maquina más potente, los primeros cohetes solo podían ser usados una vez por viaje.

En la parte superior tiene una hélice, la cual hará todo el proceso de despegue, ya que expulsar fuego por debajo es muy caro, entonces se utiliza el medio convencional de los helicópteros, después conforme se vaya creando un impulso suficiente, los propulsores comenzarán el proceso de aceleración y las hélices tomarán otra posición más aerodinámica.

Mirar de frente esa monstruosa pero increíble nave espacial en forma de huevo, hizo que me sintiera en una especie de buffet en donde yo sería el aperitivo principal, ni siquiera estaba poniendo atención a Jorch de lo que me estaba diciendo hasta que finalmente gritó:

-        ¡Daniel! Revisa tu buzón, hay que estar alerta.

-        ¿Qué? – dije – ¡Ah! Si.

El archivo que Jorch me había enviado, era un artículo que decía lo siguiente:

"*Tras años de prosperidad, gracias a la tecnología humana y grandes avances en el campo de la medicina y la informática, algo que pareciera completamente imposible de suceder finalmente ha sucedido, el Jovencito de 7 años llamado Bryan Line, tras tener a su alcance un futuro prometedor, perdió todos sus conocimientos educacionales tras un fuerte virus que atacó el área de su actualización evolutiva, hasta colapsar.*

Según los argumentos del joven tras recuperar la conciencia y soltarse en llanto sobre el regazo de su madre, su sistema no reconoció ni alertó ninguna amenaza, hasta que de repente perdió el conocimiento y se desmayó, al despertar nada podía leer su voluntad, no había teléfono que pudiera controlar para alertar a sus padres, no podía abrir ninguna puerta dentro de su domicilio, simplemente todo estaba fuera de su alcance.

El chico permaneció encerrado en su cuarto hasta que horas más tarde, sus padres intentaron ponerse en contacto con él, pero su registro ya no existía, ni su ubicación, ni ninguna noticia de su paradero, hasta que finalmente lo encontraron inconsciente en su cuarto. El doctor Newman Reach, al visitar al chico, diagnosticó que éste. No sólo no entendía ni una palabra de lo que decían sus padres o él, sino que además, ya no poseía ni el 80% del conocimiento que presumía poseer, por lo que al analizar a fondo su actualización evolutiva, ésta se encontraba muerta e irreparable.

Se cree que el virus es tan poderoso que es indetectable cuando entra dentro de los sistemas de una persona o peor aún, puede ser provocado por una bacteria o virus de origen biológico que ataquen directamente las zonas de fusión biomecánicas entre el cerebro biológico humano y el cerebro digital humano, lo que justificaría el por qué él, no pudo detectar algo que TAL VEZ no es de origen digital. Sea cual sea el motivo, se les informa a los ciudadanos que tengan alta precaución ante la información que consumen y envían, así como medidas de salubridad cruciales para evitar cualquier tipo de pandemia que pudiese desencadenar con la historia de Bryan Line, ya que los científicos dicen que operar el cerebro dos veces, es prácticamente un suicidio, y de poder ser así ni Bryan ni nadie que pueda dar con este virus, volverán a ser los mismos, ya que todo lo que se guardó en la actualización se ira junto con ella, recuerdos, tareas, servidores personales e incluso Carreras Profesionales, sería como morir en vida."

Después de leer el artículo miré a Jorch y dije:

-       ¿Esto si puede hacer un daño devastador?, ¿te imaginas que todos perdieran su actualización evolutiva?

-       ¡Si hermano! – dijo Jorch – sería como volver en el tiempo, como si los avances de 4000 años hasta hoy no fueran nada, simplemente, adiós tecnología, y nuestras ciudades se volverían inhabitables por nosotros.

-       Si, disculpen – dijo la azafata esperando a que despejáramos la escalera para abordar la nave – su plática debe ser muy interesante, pero prosigan con ella dentro de la nave por favor.

Jorch y yo pusimos cara de vergüenza y abordamos la nave diciendo: *"lo sentimos"* al mismo tiempo. Al abordar la nave analicé los recuerdos de mi memoria fotográfica de cuando estaba viendo la nave de frente, y me di cuenta que no tenía ventanas, así que decidí preguntarle a Jorch. Él me contestó que la nave no las necesita, ya que funciona con eco localización con señales digitales, y de esa manera tienes la vista más poderosa creada por la vida y luego copiada por el hombre a tu favor.

Yo por mi parte me sentía muy nervioso ya que jamás en la vida había viajado en una nave espacial, y de corazón creía que nos íbamos a caer.

-        Aunque se callera la nave a usted no le sucedería nada – dijo la azafata llegando hacia mí.

-        ¿Perdón – dije – puede leer mi mente?

-        No, pero por la manera en la que tiembla y mastica ligeramente para disimular que no está nervioso, hace que me dé cuenta, gajes del oficio.

-        Odiamos a los psicólogos – dijo Jorch a lo lejos bromeando

-        Pues ustedes también lo son, se les nota.

-        Pues retiro lo dicho – dijo Jorch

-        Si quiere ver como se ve todo desde afuera, apenas despeguemos le darán acceso a la eco localización del capitán.

-        Sería grandioso, ¡gracias! – dije

La azafata me hizo recostarme en la cama de la nave que tenía forma de sandwichera, que tenía dos colchones que se ajustaban a mi anatomía, para que mi cuello no se rompa durante las turbulencias y bruscas maniobras que hará la nave, dejando únicamente una máscara de aire que calló sobre mi boca.

Jorch me envió un mensaje que decía: *"¡diviértete!, yo lo he visto un par de veces y tengo que dormir, Relé no quería dejarme ir. Se quedó dormida en mi apartamento y así sin más me duché, empaqué y vine".* Mensaje que respondí de inmediato diciendo: *"Muy bien bello durmiente, ya me contarás que clase de poción de amor le diste a esa mujer para que se enamorara de ti". "Púdrete Finguerly"* contestó.

2. Estrellas de Modas.

La nave temblaba de una forma escalofriante, las vibraciones provocaban que los dientes de uno chocaran como cuando tienes mucho frio, el silencio dentro de la cabina era casi absoluto, pero se escuchaba levemente como las hélices desde afuera se movían. Frente a mis ojos, apareció el anuncio de seguridad de la nave y una instrucción de como conectar la eco-localización, y justo después de tener autorización, me conecté de inmediato y cerré los ojos. Sentí el piso, ya estábamos volando, y comencé a dar vueltas y vueltas y vueltas, mientras veía el piso, sentí el vértigo más aterrador de mi vida y de repente escuché, que alguien decía mi nombre, desconecté la eco localización, y sentí nuevamente mi cuerpo que estaba agitado y entumecido, la voz era Jorch en mi cerebro que decía:

-        Tranquilo amigo, ¿Qué sucedió?

Entonces me di cuenta que grité sin siquiera darme cuenta.

-        Pues fue horrible amigo, estaba dando vueltas, sentí que caería.
-        No es nada, seguramente sentiste la hélice de la nave, mira de nuevo, pero sin prestar tanta atención a la hélice, cualquier problema me hablas por esta cosa.

Volví a intentar ver con la eco localización, ya nos encontrábamos más arriba, y de verdad es muy diferente a todo lo que jamás haya experimentado, centré mi atención en el suelo, que se alejaba poco a poco. Sentir de esta manera era como hacer una sentadilla en un platillo gigante el cual mientras subes se convierte en una esfera, percibes como te elevas, pero jamás dejas de sentir el suelo firme bajo de ti, las señales digitales viajan a la velocidad de la luz, por lo tanto podemos saber que hay a kilómetros y kilómetros de distancia sin tener la necesidad de confiar en nuestra vista tradicional, en esos momentos centré mi atención al cuerpo físico que tenía en ese momento, era como sumergirte en una piscina llena de soda, las burbujas te hacen cosquillas a cada instante, pero ¿qué provocaba esta sensación? La respuesta es muy simple: Conforme subíamos y acelerábamos, la VORTEX 3843 estaba percibiendo la energía de su entorno, primero un pequeño rayo de energía que comenzó en la punta del huevo y salió por la turbina, y así relativo al tiempo, más y más concentraciones de energía hacían lo mismo, hasta llegar al punto en el que la nave estaba envuelta en llamas que sobrecalentaban las baterías y salían expulsadas por el cañón, de esta manera nos deshicimos del odioso combustible, las hélices de la nave se estaban doblando sin dejar de girar hasta tomar una forma de cono en la punta de la nave, y luego adaptaron el comportamiento de un taladro. Pasamos a lado de un satélite que orbitaba por esa ruta, y al alejarnos aún más, sentí que se aproximaban y alejaban, que cruzaban su trayectoria en un infierno fríamente calculado, parecía que todo chocaría con todo, pero ese caos que tanto esperas nunca llega, ves a la tierra como un gran circulo lleno de hormigas caminando a su alrededor pero nunca jamás chocan una vista magnifica debo decir.

Al continuar contemplé la tierra desde tan lejana distancia, esa colosal esfera, pasó a convertirse en un pequeño círculo que, antes de darme una idea, logré captar como una gran bola se acercaba a mis espaldas, cada vez más y más, debo decir que fue una sensación aterradora, pero sabía lo que significaba, desconecté la eco localización, y ahora mi primer vistazo a la histórica ciudad de Polvo Lizo en la Luna, será en carne y hueso, no a través de una maldita máquina.

Al volver nuevamente a las extremidades de mi cuerpo, sentí el aire que entraba dentro de mis pulmones, por un segundo de verdad había olvidado lo que se sentía respirar, abrí los ojos e inhalé, vi la oscuridad mientras aparecía un pequeño texto que decía, *"habilitando vista a través de fotones"*. Sentí mi cuello un tanto adolorido que seguramente fue de las turbulencias de la nave, por eso es tan importante la goma que cubría mi cuerpo a la medida, de cualquier otra forma la fuerza ejercida al atravesar la atmosfera a tal velocidad me habría matado.

En ese momento llegó un mensaje de Jorch que decía "*hemos llegado amigo*". No lo podía creer, por primera vez me encontraba en otro cuerpo celeste, no podía esperar más, solo deseaba caminar por esas calles y ver con mis propios ojos el progreso de mi especie, sentía tanta felicidad corriendo por mi pecho y garganta, la puerta de la sandwichera se abrió y me senté de inmediato, mi vista fue de ver el techo de la nave, luego las compuertas, hasta ver el piso cara con cara, con mi torso y piernas formando una pirámide que significaba una sola cosa, estaba a punto de morder el polvo, y lo hubiera hecho, pero algo lo impidió. Era la mano de la azafata que me detuvo antes de que me callera, yo grité locamente y ella me regresó de vuelta a mi lugar.

-        ¡No se mueva! - exclamaba la azafata

-        ¿Qué sucede aquí? - preguntaba Jorch llegando con las manos en los bolsillos

-        Dígame por favor ¿Qué actualizaciones evolutivas tiene usted? - Dijo la azafata.

-        Únicamente la actualización de Tomás - dije tratando de no morder mi lengua.

-        ¡Señor! ¿Cómo se le ha permitido viajar sin la actualización de Hobson? - dijo la azafata.

-        Los boletos estaban comprados - dijo Jorch - nos espera hoy el Dr. Filmness Berflowsky.

-       A mí no me interesa - dijo la azafata - que tan influyente o pudiente sea ese señor, las reglas de vuelo son muy claras, nadie puede viajar sin la actualización de Hobson.

Pero señora no podemos regresar - decía Jorch.

-       ¿Jonny Orozco - interrumpí - ha visitado este cuerpo celeste?

La azafata hizo viscos, procesó mi pregunta y luego dijo:

-       Sí, pero ese muchacho es muy fuerte, salió volando hasta el techo, no creo que te quede su traje, es muy... Ya sabes, pesado.
-       ¡Alguien de Polvo Lizo se lo dio! - dije - y tenga por seguro que no soy menos importante que él.
-       Tal vez pueda hacer algo por usted - dijo la azafata - pero con una condición.
-       ¿Cuál? - pregunté
-       Tiene que llevar a su amigo cargando en los hombros hasta que lleguen al lugar.
-       ¡Hecho! - exclamé
-       ¿Qué? - apelaba Jorch - ¡qué humillante!
-       Es la única manera González – dije.

Jorch hizo una mueca pero finalmente aceptó, así que se montó sobre mis hombros y dejé de ser tan ligero, al salir de la nave espacial, lo primero que hicimos fue mirar a la tierra. Me estremecí y me di cuenta que estaba muy lejos de casa, pero me concentré y seguí caminando con González en mis hombros.
Al salir del aeropuerto nos quedamos con la boca abierta.

-        Llegamos a estudiar Ciencias del Tiempo - decía Jorch - ¡literalmente!

La ciudad estaba llena de grandes edificios con nombres de corporaciones, luces de neón, combinadas con los grandes árboles y automóviles individuales, es como ver *la evolución del capitalismo en persona*. Jorch inmediatamente se enamoró de los automóviles de nueva generación, exclamando:

-        Yo quiero uno.

Grandes puentes arriba y abajo, serpenteando pisos al azar, como en una especie de laberinto, tenían un estilo futurista y caro, con intenciones de dar un mensaje que era: *"Ya estamos en el futuro"*. Jorch y yo nos preguntábamos:

-        ¿Ahora en que nos transportaremos?

En ese momento, un taxi se paró en frente de nosotros, abrió sus compuertas. Jorch y yo miramos el interior y nos dimos cuenta que no había nadie.

-        Tal vez fue por alguna bebida - dije
-        ¿Cuál es su destino? - dijo el Taxi con una voz femenina.

Jorch y yo gritamos.

-        ¡Aaaaaah! ¡Habla! - dijo Jorch
-        Así es - dijo el Taxi - mi nombre es Leta, a donde los llevaré hoy.

Jorch y yo nos enfadamos.

- ¡Ah! ¡Que poco original!

- ¿Le pusieron la voz de Leta de la Singularidad? ¿Enserio?

- ¿Esa era su voz? ¡Ya veo por qué lograba seducir a casi todo el mundo!

- Si, impresionante, era una voz muy sexy, sí.

- ¿No vas a intentar asesinarnos verdad? – pregunté.

- ¡No! ¡Claro que no! – dijo el taxi – son turistas ¿cierto? les explicaré, absolutamente todas las máquinas en la Luna tendrán voces de la singularidad éste año.

El taxi cambió su voz y dijo:

- También puedo ser Tomás.

- ¡Wow! ¡Wow! Suena muy ñoño – dijo Jorch.

- Si, vaya que sí, escogemos a Leta – dije – ¿es como una moda eso de la singularidad?

- Suban y se los explicaré – dijo el taxi

En ese momento llegó un carrito automático con nuestro equipaje, el cual al igual que los de la tierra, tenía un bracito mecánico parecido al de mi casa, que funciona con nanotecnología, cada parte de las partículas que componen estas formas son autónomas, así que pueden agruparse de maneras distintas y combinarse en conjunto con otros robots para realizar tareas diversas y universales, cambiar la composición de su masa para tomar la forma más adecuada a la tarea ordenada, por eso mucha gente les llama *Liquido Inteligente*, por la apariencia que toman al momento de cambiar de forma, y esta tecnología es usada para todo, para construir edificaciones o para asistirnos como los brazos del aeropuerto, pero principalmente fueron inventados para reciclar basura y así ayudar a que las atmosferas no se traguen tanta contaminación. Mientras el bracito de líquido inteligente subía nuestras maletas al automóvil, el taxi nos contaba el porqué de la moda de la singularidad, y la cosa es así, cada cuerpo celeste tiene su calendario ligado al momento en que la humanidad se estableció como colonia, en este caso Polvo Lizo está viviendo el año 2052 desde que se consolidó la primera colonia de humanos dentro del satélite natural de la tierra, el proyecto de colonización de la Luna fue para extraer de su superficie uno de los combustibles más poderosos al alcance del hombre: El *Helio-3*, que es isotopo ligero del Helio, escaso en la tierra, por la presencia de la atmosfera, pero abundante en la luna en aquellos entonces, dicha forma de combustible pudo haber sido la causa de una guerra armada, de no ser por la singularidad que se cruzó en el camino de la humanidad a la autodestrucción, así que para los habitantes de la Luna: la singularidad fue una de las mejores cosas que le pudieron suceder al ser humano, a pesar de que fue una guerra que teníamos prácticamente perdida, es considerada como el freno de mano que dejó heridas, pero no muertas a las personas a bordo.

Cuando se trataba de energía para las ciudades, aunque todos sabemos que la energía a nuestro alcance ahora es tan fácil de obtener como el descubrimiento de la fusión nuclear, o lo que hace la VORTEX 3843 en la que llegamos, el Helio-3 no es tan explotado, cómo pudo haber sido sin la singularidad, y ahora la comunidad lunar honra la fusión con las máquinas, con un gran carnaval, que a su vez próximamente dará inicio a las *nuevas olimpiadas*, donde los grandes competirán en la batalla final, del videojuego más avanzado jamás imaginado.

Las Ciudades de la Luna están protegidas por un enorme domo casi invisible, en donde se desarrolla la atmosfera y aire respirable, debido al diseño principal del proyecto de colonización lunar, en cuál no se buscaba una expansión total en el cuerpo celeste (como en marte), debido a las pretensiones de explotación del Helio-3, asimismo las ciudades están conectadas entre sí, con grandes tubos, y el resto de terreno son minas que aún siguen expuestas al vacío del espacio, menos mal que existe la nanotecnología para lidiar con ese tipo de problemas, aunque la demanda por dicho combustible NO sea tan grande.

El bracito asistente por fin acabó y se nos quedó mirando a Jorch y a mí.

-       Muchísimas gracias amiguito – dijo Jorch.

-       Vete – dije.

-       Creo que está esperando su propina - añadió el taxi.

-       Esto es inaudito – replicaba Jorch.

-       ¿Enserio? ¿Hay que darle propina? – pregunté.

-       ¡Creo que sí! – afirmó Jorch.

-       Tenemos Gemas – anuncié – ¿aquí se maneja alguna otra moneda?

-       Gemas está muy bien – dijo el taxi.

Jorch le entregó una moneda de 5 gemas, las cuales el bracito miró y volvió a ver a Jorch, el cual, puso una cara de enojo y dijo:

-       ¿Qué? ¿Quieres más? Eres un maldito robot, para que carajos querría dinero un robot.

-       ¡No seas tacaño y dale otras 5 gemas! – exclamé.

Jorch puso una cara de fuchi, y le entregó otras 5 gemas de mala gana. El bracito absorbió las monedas entre su masa y se fue.

-       ¿A dónde iremos? - preguntó el taxi.

Le di las coordenadas de una tienda de FITNES que nos dio la azafata para buscar a un hombre llamado Sam. Al llegar, pudimos observar una propiedad enorme, que al parecer era un gran centro de entrenamiento para ricos, el cual contenía una piscina y una pista para correr, justo en el patio que estaba pasando la recepción, en donde pregunté por Sam, el cual llegó en un carrito de golf y se paró frente a nosotros. Era un tipo caucásico que mostraba indicios de ser físico culturista, al verme inmediatamente me reconoció y dijo:

-        ¡Vaya! el famoso científico Daniel Finguerly visitando mi Gimnasio, ¿A qué le debo el honor?

Jorch soltó una pequeña risa burlona desde arriba de mis hombros y exclamó:

-        Lo de científico es correcto, lo de famoso no tanto.
-        Que la gente preste su atención a otras cosas no significa que no te conozcan, – dijo Sam – claro que sé quiénes son ambos: Jorch Gonzáles el físico que comprobó la "*supersimetría*[4]", el santo grial de la física cuántica, y por otro lado el gran Daniel Finguerly, el prodigio, la persona que hubiera sido el tipo más inteligente de las estrellas, de no ser por Jonny Orozco, quien le robó el título del mejor científico joven, junto con toda la atención y el dinero que por ley es tuyo.

Debo admitir que me alagó ser conocido por Sam, pero me recordó un odio que según yo superé hace años, y es qué, de no ser por Jonny Orozco, yo sería el primer inventor a la cabeza de la Corporación más importante del sistema, *La CORPORACIÓN PÚLSAR*. Volviéndome uno más del montón en el mundo. Pero no dejaré que eso me afecte más, ya que estoy a punto de recibir la oportunidad de mi vida, y ahora el tablero nuevamente estará equilibrado como en aquel entonces, es hora de llevar mis capacidades al máximo, así que respondí a Sam:

---

[4] Simetría hipotética que podría relacionar propiedades de los bosones y de los fermiones, una simetría de la naturaleza y de los ladrillos primigenios que conforman el todo. Gordon L. Kane, The Dawn of Physics Beyond the Standar Model, Scientific American 2003 – 2004.

-        Todo eso está a punto de cambiar Sam, necesito un favor y es el siguiente, no cuento con la actualización de Hobson, por lo que necesito un equipo parecido al de Jonny para poder estar por aquí sin este sujeto en mis hombros.

Sam se llevó las manos a la barbilla, y apareció una gran cantidad de líquido inteligente que envolvió mi cuerpo, me quedé inmóvil, Jorch al ver los pequeños nano robots se asustó y se bajó de inmediato, el líquido construyó una especie de maya de plástico brillante en todas mis articulaciones, siguiendo así por resto de mi cuerpo, incluso las partes más íntimas y embarazosas, y me dejaron cubierto en una capa transparente que se ajustaba a la medida en todo mi cuerpo, como una nueva capa de piel, que transparentaba el color de ésta, me sentí artificial por un momento.

-        Esa capa – dijo Sam – nivelará el peso de todas tus células externas, y hará una presión parecida a la gravedad de la tierra, atrayendo todo a tus pies, pero a largo plazo puede afectar tu salud, ya que recientemente comencé a inventarlas y no estoy seguro de los efectos secundarios, si vas a venir muy seguido, lo mejor será que te actualices, yo te puedo poner la actualización de Hobson en 15 minutos.
-        De hecho – dijo Jorch – vamos a vivir aquí por unos años.
-        Entonces debes actualizarte Finguerly, los seres vivos están diseñados para vivir en el planeta de donde nacieron, y sin algo que simule la gravedad exacta de tu entorno de origen en tu esqueleto a la perfección, me temo que tu cuerpo dará por hecho que no lo necesita, y bueno creo que sabes lo que pasa.
-        Vamos Daniel – dijo Jorch – ser un ciborg no es tan malo como piensas.

Claro que sí "pensé", algún día si dejamos que las maquinas estén cada vez más presentes dentro de nuestros cuerpos, prácticamente nos volveríamos la parte más inútil del compuesto, de ninguna manera permitiré eso, así que dije:

-       Ya intentaré algo, lo prometo, no he inventado nada desde hace años, así que sería un gran comienzo.

-       Está bien – dijo Sam – pero recuerda que si necesitas la actualización Samuel Hobson está por aquí.

-       ¿Eres el tátara nieto de Solem Hobson? – preguntó Jorch con una sonrisa.

-       Eres el ex inventor de punta de la *CORPORASIÓN PÚLSAR,* antes de Jonny Orozco – afirmé.

-       Si, el mismo, recuerden que tienen un aliado por aquí cerca.

-       Muchas gracias Sam – dije mientras transfería el dinero del traje a su cuenta – estamos en contacto.

-       Lo que se les ofrezca hermanos.

Sam nos acompañó hasta el taxi y nos preguntó sobre qué hacíamos en Polvo Lizo, a lo que Jorch y yo contestamos, diciéndole que trabajaríamos en el IPCDI, a lo que Sam contestó que sería algo extraordinario. Sin más nos despedimos de él, y partimos a la dirección de hotel que apareció con un correo de Berflowsky, mientras buscaban un departamento para nosotros, según el correo, la empresa también nos daría un automóvil y membrecías para restaurantes cerca del trabajo.

3. Reglas Antiguas.

Finalmente llegó la hora de la verdad. Jorch y yo comentábamos acerca de los grandes beneficios monetarios de trabajar en la institución que yacía frente a nosotros, un gran edificio curveado como un vórtice, lleno de vegetación en los contornos, que tenía balcones en todos sus pisos con toda clase de plantas y árboles. En algunos pisos habían largos puentes transparentes que conectaban con otros edificios cercanos, el aspecto general se resumía en ventanas polarizadas de color azul, y el exterior de color gris metalizado, con agrupaciones de tubos cromados, para soportar los *lunamotos*. Justo ahí trabajan las personas más importantes de la Luna y por si fuera poco, quienes deciden el futuro de la mayoría de personas de los tres cuerpos celestes habitados, es el Instituto de Prevención Contra Desastres de la Inteligencia.

-        Este bonito correo que nos envió el Doctor se ve genial - decía Jorch.

-        ¿Pero a precio de qué contrato? – Comenté.

-        Es hora de averiguarlo amigo - Contestó Jorch.

Al entrar y caminar cerca de cualquier persona que trabajara en el edificio, mi actualización evolutiva, me mostraba una tarjeta de presentación que me decía datos de la persona como su nombre, una foto y el cargo que ostentaba, así como su nivel de estudios. Una vez dentro nos identificamos en la recepción y todas las personas se pusieron muy nerviosas y apuradas, en ese instante no se nos hizo esperar más, y nos llevaron hasta el elevador donde subimos hasta el último piso, en donde al abrir las compuertas del sitio se avistó un letrero que decía: PRECIDENCIA, el personal nos llevó hasta la entrada de una oficina en donde la voz de Tomás nos recibió, y al abrir la puerta de la oficina de lujo, estaba él ahí, mi ídolo de toda la vida en carne y hueso. Un señor elegante, en forma y atractivo, con un ojo que desprendía un brillo de color rojizo y cabello y barba cansosos, quien sostenía un auténtico libro de papel con encuadernado de color verde que decía Ciencias del Tiempo para Chiflados, con el dibujo simple de un reloj de bolsillo. El doctor alzó la cabeza y por fin pudimos verlo cara a cara, la recepcionista asintió y se fue sin decir nada y el Doctor por fin nos dirigió sus primeras palabras.

-       Finguerly y González, un placer recibir a los más altos Científicos de la Tierra, dentro de las instalaciones de esta Institución.

Sonreí al escuchar esas palabras como un niño viendo un cono de helado con 10 sabores diferentes, los ojos me brillaron, y entonces el doctor se acercó, y nos abrazó como si fuéramos grandes amigos desde hace años.

-       Es un placer tener el honor de conocerlo Doctor Filmness – dije.
-       El placer es nuestro señor Berflowsky - dijo Jorch.
-       Aunque claro, existen más importantes que nosotros – añadí.

El doctor Berflowsky me miró y levantó una ceja, en el escritorio puso 2 píldoras electro estimulantes, Jorch y yo las levantamos casi de inmediato, las vimos fijamente, como un niño a punto de probar su primer canuto.

-       ¿La enciclopedia? - preguntó Jorch.
-       La licencia y el contrato – aclaró el Dr. Filmness – Tengo que mostrarles algo.

Jorch y yo tomamos las píldoras con el dedo pulgar y el índice, enfocamos hasta que pudimos ver el fondo borroso y la pastilla con claridad, la contemplamos junto con sus colores brillantes por última vez, y recibí un mensaje de Jorch que decía: *"Hora de averiguar a precio de qué contrato, ¡prepárate Finguerly!"*, apareció una cuenta regresiva que Jorch envió: *"3, 2, 1"*, y ambos nos tragamos la pequeña cápsula para ver su contenido. Jorch y yo analizamos inmediatamente el contrato, (ambos veíamos al piso), Jorch me tomó del hombro, y me llego otro mensaje: *"¿estás viendo lo mismo que yo?"* a lo que contesté: *"si, es el mismo contrato que teníamos en Antiguo México"*, *"Pero la paga ahora es exagerada, ¿que se supone que vamos a hacer con 80000 gemas?, Gina solo nos pagaba 15000 y vivíamos muy bien"*, entonces entendí, las lágrimas amenazaron de nuevo, pero me negué a dejarlas salir. Tomé una captura del contrato y lo envíe a Gina con el pie de foto: *"¿tú hiciste eso?"* ella contestó de inmediato diciendo: *"cállate y fírmalo, te lo mereces"*, no podía evitar que mis ojos se humedecieran, entonces envíe un mensaje a Jorch: *"¡Fírmalo González!"*, a lo que contestó: *"¿No crees que sea una trampa?, "Confía en mi"*. Ambos aprobamos el contrato, y la Licencia digital para la carrera Ciencias del Tiempo se activó, unas letras aparecieron en mi vista que decían, acceso al conocimiento concedido, levantamos la cara y dijimos:

-       Listo doctor Filmness.

El doctor sonrió, abrió el libro de texto que estaba leyendo y se colocó en la página número 3, donde el autor señalaba las fuentes, qué para gran sorpresa de Jorch y para mí fue que decía lo siguiente: *"Créditos de conceptos base de la investigación aplicados: La Energía Negativa y sus Utilidades de Daniel Finguerly, Comprobación de la Supersimetría de Jorch González"*, al principio de créditos a 5 autores conocidos e importantes. Jorch golpeó el escritorio con su puño y dijo:

- ¿Ósea que todo el tiempo conceptos míos y de Daniel fueron aplicados en esto?

- Todos y cada uno de ellos – asintió el Dr. Filmness – y en vista, de que cada quien tiene lo que merece, les daré la oportunidad de tener lo que merecen ustedes, y explotar esta carrera a su máximo potencial.

- ¡Muy bien! – dijo Jorch mientras frotaba las palmas de sus manos – a trabajar, donde está la Píldora Mágica de la carrera, yo empezaré de inmediato.

- Me gusta tu entusiasmo Jorch, pero no hay Píldora Mágica, aquí en mi departamento se aprende a la antigua - el doctor chasqueó los dedos.

Atrás de él se encontraba una puerta, que irradiaba una luz tenue y rojiza. Al mirar al interior, notamos una gran biblioteca llena de los manuscritos más antiguos e importantes, según analizaba mi cerebro, de allí salieron volando 2 pilas de libros enormes, y se colocaron frente a Jorch y a mí. Ambos tallamos nuestros ojos, incluso sentimos algo de mareo, exceso de fosfeno en la vista, que asimilábamos fruto de la tremenda alucinación que acababan de ver nuestros ojos, entonces Jorch preguntó:

- Disculpe señor, tal vez fue la falta de sueño, pero ¿esos libros llegaron volando?

- Solo es líquido inteligente joven Jorch, pero desarrollé una especie de camuflaje para que sea más liviano y transparente, ¿te gusta?

- Sí, me-me me encanta, debe enseñarme a elaborarlo, ¿entonces tenemos que leer todo esto?

- Así es jóvenes - dijo el Doctor mientras nos veía y sonreía - su oficina está en el piso de abajo.

Una masa de líquido inteligente invisible nos tomó de las plantas de los pies, y nos hizo flotar hasta el elevador con la montaña de libros tras de nosotros (gritamos), el doctor se centró justo frente al panorama y citó:

-	¡Todo por la evolución de mi especie!

El elevador se cerró y bajo rápidamente, abrió sus compuertas al llegar al piso de abajo, y el líquido inteligente dejó los libros repartidos a dos puertas a lo más profundo de ese gran espacio (que era el laboratorio más grande que jamás había visto). Estaba equipado con todo tipo de materiales y aparatos para poder investigar a nuestro antojo, Jorch y yo contemplamos el sitio un instante y luego gritamos:
- ¡Aaaah! Maldita sea este sitio es enorme.
- Jamás me imaginé que llegaríamos aquí, pensé que nuestra vida iba a ser un fracaso perpetuo, pero aquí está.
- Por fin, esto es increíble.
Jorch y yo nos vimos cara con cara y dijimos al mismo tiempo:

-	"A trabajar".

4. Dilate Emocional.

3 días más tarde, Jorch y yo casi terminábamos por desenmarañar lo que el cretino de Jonny Orozco había tomado de las investigaciones mías y de mi mejor amigo, dicha que nos llevó al punto de sentirnos unos completos tarados, ya que una gran parte de las investigaciones: *"La Energía Negativa, y sus Utilidades. De Finguerly"* y *"Proyecto de comprobación de la Supersimetría. De González"*, dan como resultado *"Ciencias del Tiempo. De Orozco"*, aunque claramente el ojos de grillo tenía conceptos que a Jorch y a mí nos hubiera tomado años deducir, de igual manera, jamás hay que robar crédito a los arquitectos, la construcción de una casa por ejemplo, es como si Jorch y yo hubiéramos elaborado los materiales para construir una casa, pero los materiales no son una casa, se vuelven casa hasta que un arquitecto ordena los materiales y los transforma en; repito, una casa.

¿Cómo funciona la máquina del tiempo del *señor trasero de fantasma?*, muy simple: Las partículas de la luz (los fotones) y su mundo cuántico se conservan intactos por su viaje por el universo, considerando que no desaparezcan.

Ahora bien, gracias a que Jorch González es un experto en el mundo cuántico, podemos comprobar algo que se desconocía hace milenios, *la Supersimetría*, que dicta que todos aquellos ladrillos primigenios que componen el todo, tienen una gemela súper simétrica. Los físicos de la antigüedad, estimaban que tenía que existir si o si, ya que nuestro universo, con la masa superficial que tiene, no puede ser posible para ser tal y como lo conocemos, y para que fuese lo contrario, tendría que tener por lo menos el doble de masa de la que podemos detectar, la *Supersimetría* parecía ser una respuesta elemental para esto, y tenían más razón de la que pensaban, ya que también se estimaba, que nuestro universo únicamente podría ser viable conteniendo 8 dimensiones, y no cuatro como todos estamos acostumbrados; que son 3 espaciales (el alto, el largo y el ancho), y una temporal (por la que pasan los sucesos de nuestra vida y el universo). ¿Te imaginas un mundo con 6 dimensiones espaciales? En dónde puedes ver más perspectivas, y viajar en un mundo sin sentido para visitar a tu amigo en china, salirle de repente por la espalda y darle el mayor susto de su vida, o mejor aún, ¿un tiempo tridimensional? Pues bien, vamos a dejar de echar humo con la cabeza y arreglemos esta locura de una buena vez.

Pensemos en la *Supersimetría* como la parte malvada de tu persona, algo que se parece a ti, pero no puedes ver de manera cierta.

Cuando nuestro universo fue formado, 2 fuerzas fundamentales comenzaron la primera lucha por el dominio de las dimensiones espaciales que nos rigen: La materia y la antimateria, positivo y negativo, sabemos también que vivimos en un universo que es regido por el equilibrio, y <u>las cosas no pueden existir ni mantenerse sin un opuesto que nivele las situaciones</u>, ni en la vida ni en la física. Según lo que sabemos, es que la materia y la antimateria chocaban y desataban un caos incesante, sabemos también que la materia fue la vencedora de esa batalla, porque estamos compuestos de materia, y que la energía no se crea ni se destruye, solo se transforma, por lo tanto ¿qué tal si la antimateria nunca se fue?, y simplemente es el polo negativo de un imán, y toda la materia es este compuesto con su parte súper malvada y equilibrada, que compone la misma realidad, sucediendo en un espacio tiempo negativo, y de igual manera es como ver un espejo y un portal híper pequeño a la parte inversa del universo que en este caso es el mismo, sumando las dimensiones que nos hacen falta de manera lógica (la dimensión temporal del retroceso o la memoria del universo, y sus 3 dimensiones espaciales).

Miremos el fotón que extrajimos de una estrella, las distancias en el espacio no son medidas por kilómetros o metros o cualquier medida espacial, son medidas por tiempo, sabiendo lo anterior, veamos al sol quien está a 8 minutos luz de distancia, atrapemos un fotón de la luz que nos envía, y miremos que el tiempo en su mundo cuántico es exactamente el mismo que cuando fue creado, hace 8 minutos.

Tenemos la partícula *súper simétrica*, que es como ver a un espejo a la época de creación de la partícula, que no es materia y que podemos atravesar tomando diferentes medidas de seguridad, poseemos nuestro portal al pasado, pues bien, ahora solo queda hacer crecer este portal a un tamaño aceptable para poder pasar por un espejo que refleja el punto en donde se encuentra, de la época según la distancia que esté la estrella de la cual extraigamos el fotón que trabajaremos inicialmente, ¡perfecto! pero ojalá todo fuera así de fácil. Recordemos que para comprimir y descomprimir el espacio vacío entre átomos, tendríamos dejar toda una ciudad sin energía por todo un día, ahora imaginemos cuánta energía requerimos, para hacer que una grieta cuántica tome el tamaño de una puerta, o en este caso el tamaño de una casa, suena muy fácil ¿verdad?

Jorch estaba sentado en la oficina de a lado y de repente la desesperación lo hace perder la cabeza, un ruido interviene en mi reconfortante lectura fruto de que no quisieron darme una *píldora mágica*, suena un pequeño golpe en la pared, hasta terminar en un sin fin de golpes, acompañados del primitivo lenguaje que Jorch utiliza cuándo se enoja.

- Desgraciado, infeliz, mal nacido, infame, ruin, rastrero, prepotente, cerdo, cochino, pendejo, maldito, sucio, trasero de fantasma... Etc.

Me preocupé, y decidí investigar qué le sucedía. Al abrir la puerta, Jorch seguía destruyendo su oficina haciendo añicos la enciclopedia de Ciencias del Tiempo y soltando mil maldiciones diferentes a Jonny Orozco.

-        ¿Qué sucede González?
-        ¿Qué sucede? ¡Yo te diré qué sucede! Decidí no dormir a noche para acabar esta basura de enciclopedia e intentar tomarte ventaja. Todo iba a la perfección, el divo quinceañero Rubí 3.0, nos dice cómo hacer la máquina, la cápsula voladora que nos protegerá, ¿sabes qué no nos dice? La maldita fuente de energía, éste imbécil no dejó a Antiguo México sin electricidad por 3 días, ni hay registros de variaciones de electricidad en ningún lugar que haya visitado, irónicamente termina la enciclopedia diciendo: *"Ahora bien seres inferiores, ya tienen su proyecto de Ciencia Ficción terminado, ahora les toca crear una fuente de energía para echarla a andar, ya que de ninguna manera compartiré información que bien no es del campo para esta materia, mucha suerte chicos listos".* El maldito también ha desarrollado una fuente de energía que ha opacado todas las fuentes modernas y no dice cuál es. Nos roba nuestras investigaciones y no puso ninguna propia.

No dije nada, miré la cara de enfado de Jorch, su respiración era agitada y su piel estaba toda colorada por el enojo. Ni siquiera quise decir que de hecho terminé de leer Ciencias del Tiempo desde el primer día y que sólo estaba repasando, porque lo haría sentir más mal. Entonces vi que continuaba golpeando cosas de la furia, armando un alboroto que posiblemente alertaría la seguridad del edificio, por lo que lo tomé de la chaqueta, le di una cachetada y le dije:

-        Reacciona González!, claramente todo esto tenía una trampa, ¡este sujeto quiere hacer que te rindas! No tengo idea de cómo hacer una fuente que produzca energía para una ciudad, lo que si podemos hacer es inventar algo que pueda producir la energía.

-        ¿Y dime Finguerly? ¿Sabes cómo dejar corta la energización moderna? ¿Tienes una fortuna oculta que no conozco para comprar un complejo de energía?

-        ¡Busca opciones González! – grité – ¡Recuerda! somos físicos, prácticamente nosotros descubrimos Ciencias del Tiempo, ¿acaso crees que no podemos inventar esta fuente de energía?

-        Aunque fuera así, ¿de qué piensas alimentarla? Te recuerdo que estamos en la Luna y casi todos los Elementos de la Tabla Periódica están en la Tierra y en Marte, y además son carísimos.

Pensé un momento y entonces entendí:

-        Claro, que estúpido soy, González eres un genio, estamos en la Luna y en la Luna hay...

-        Helio-3 – interrumpió Jorch.

-        Es combustible barato.

-        Soy un genio - dijo Jorch mientras me veía con una risa contenida para indicar que estaba bromeando.

Los dos sabíamos lo qué estaba pensando el otro, nos reímos, tomamos nuestras cosas y fuimos a ver al Dr. Filmness Berflowsky a quien contamos nuestra idea.

-        Claramente jóvenes – decía el Dr. Filmness – han descifrado el panorama completo de la investigación, y no esperaba menos de ustedes, ahora les contaré otro secreto, los viajes de Jonny Orozco a éste cuerpo celeste fueron con el mismo interés que muestran ustedes por el Helio-3 Lunar, interés que este departamento puso a disposición, por lo

que tendrán finalmente su primera misión, ya que la máquina del tiempo
está al sur de Polvo Lizo, junto con el equipo ya ensamblado.

Jorch y yo nos confundimos, por qué Filmness nos traería a nosotros
aquí, teniendo a Jonny y la máquina en su poder, y es una respuesta que
voy a exigir ahora mismo.

-        Doctor, hay algo que no me cuadra – dijo Jorch adelantándose
– ¿para qué nos necesita específicamente a Daniel y a mí?, teniendo al
genio que creó esto comiendo de su mano. No creo que nos haya traído
hasta aquí solo para hacernos el favor más grande de nuestras vidas.
-        Joven Jorch – dijo Filmness alzando las manos en señal de calma
– responderé tu pregunta contándoles una historia:
Como ya lo saben, vivimos en un mundo regido con personas fusionadas
con inteligencia artificial, el joven Orozco presentó ante Samuel Hobson,
el científico más audaz de la *CORPORACIÓN PÚLSAR* de aquel entonces,
un proyecto muy ambicioso llamado *Ciencias del Tiempo*, Sam a quién
ya conocieron, dio el visto bueno para avanzar con el proyecto al niño
prodigio de 6 años, para ver qué tan versátil era el fenómeno supuesto
de la Evolución Humana Encarnada, y saber si eran ciertos los rumores,
mismo que tiempo después, quitó el Premio Novel Juvenil al prodigio
Daniel Finguerly como al Niño Científico más importante de los mundos.
Tras el éxito del Joven Orozco, traicionó a Sam, y lo sacó del Corporativo
para quedarse con su puesto.
El chico se tomó vacaciones que parecían perpetuas hasta que la
corporación solicitó a Jonny que ampliara la enciclopedia, puesto que
viajar a solo 8 minutos al pasado no era rentable para la empresa, y de
no ser así darían, su puesto al segundo mejor de la tierra: Daniel
Finguerly.

Yo, por otro lado, estuve presente por la evolución como persona del chico, así como la moral, ética y principios que éste desarrollaba en algunas ocasiones lo escuchaba hablar en el idioma sarcástico que tiene y hacer comentarios cómo: *"La singularidad tecnológica nunca terminó"*. Hay una razón por la que él quiere que la *píldora mágica* de esta carrera se le dé a todo el mundo, y es evidente, ya que muchos en mi equipo de trabajo lo hemos relacionado con la elaboración de máquinas anti singularidad, por lo que al analizar el código de la cápsula de la carrera; es posiblemente, no lo afirmamos, que tenga un código encriptado que desactiva las actualizaciones evolutivas de las personas, ya que resulta que los recientes fallos de actualizaciones evolutivas que han ocurrido recientemente se relacionan con personas que han estudiado Ciencias del Tiempo, por medio de *píldoras mágicas*, es por eso que les di a ustedes libros físicos, ya que es la única manera de protegerlos del virus presente en las pastillas.

Ahora los más calificados para ir a este viaje que les daré más adelanté, son ustedes, ya que en esencia, ustedes formaron la carrera, y sabrán cómo manejar fallos y problemas que pueden llegar a presentarse.

Tenemos que evitar a toda costa que éste muchacho nos quite nuestra única defensa contra él mismo, ya que de ser así se presentarán problemas con los cuales nadie estaría calificado para lidiar, por el momento lo que necesito es que den un viaje sencillo al pasado, para probar que son los que pueden llevar a cabo la misión, y luego podrán proceder a sus intereses.

La pregunta es: ¿Tenemos un trato?

Jorch y yo analizamos lo que nos acababa de pedir Filmness, mensajeamos un poco y finalmente dijimos:

-        ¡Aceptamos!

Filmness sonrió.

5. El Misterioso Punto de Kronos.

Filmness Berflowsky nos envió a una misión al pasado, según él muy sencilla, pero que desde mi punto de vista, de salir bien, podría tener más relevancia de lo que en realidad parece. Nos pidió dirigirnos al año 3,240 terrestres, cuando un satélite de última generación logró captar lo que parece ser una supuesta nave extraterrestre, claro, como se ha repetido en toda la historia cuando se trata de imágenes acerca de alienes, la resolución de la fotografía tomada es una completa basura, pero inclusive hasta yo me sorprendí cuando la vi, por dos sencillas razones, el pequeño punto que se observa al final de la imagen, es un organismo a base de plasma, o bueno, es lo que todos creemos, y lo que hace interesante todo esto, es que en estos tiempos es muy difícil tomarle el pelo a alguien con fotomontajes, ya que podemos analizar todo y descubrir un origen increíblemente exacto, la imagen tomada por el *Satélite KRONOS 3,216* era ilegible pero legítima en muchas cuestiones, y claro, una civilización que nos observe secretamente, tendría su tecnología tan ridículamente elevada, que ni siquiera nos percataríamos que alguien nos estuviera viendo, la prueba es el satélite que vio a esa cosa y capturó una foto en el momento preciso en que desaparece de su vista, ahora bien: ¿Por qué iremos a ver algo que sólo fue visto por medio segundo y luego desapareció?, muy simple, que podemos detener el tiempo con la máquina de Jonny Orozco bombardeando la grieta cuántica con energía negativa cuando regrese a su tamaño inicial, y así, analizar cosas de manera íntimamente lenta.
El sueño de todo astrónomo es analizar ese momento exacto del espacio tiempo, la pregunta es: ¿Qué tan a menudo nos vigilaría una civilización así? En caso de existir evidentemente.

El doctor Filmness es un viejo muy excéntrico, cuyos pasatiempos son los rompecabezas, Jorch y yo somos parte de uno que está formando, ya sabemos para qué: Es un grupo de personas que tenga un odio íntimo a Jonny Orozco, gente que no pueda comprar, por eso mismo, nos acompaña Samuel Hobson, un claro ejemplo de que no importa lo mucho que evolucionemos o nos modifiquemos genéticamente, seguimos siendo humanos y seguimos teniendo deseos de autodestruirnos, lo que es lo mismo, o en mi caso, no busco venganza, pero vamos, seamos sinceros, sería genial poder vengarme, y es que, la moral del héroe pasó de moda hace mucho tiempo.

Bajo el IPCDI, encontramos una especie de túnel subterráneo que según Berflowsky nos llevaría al lugar de la máquina del tiempo. Hay una razón por la cual en la luna no hay Búnkeres subterráneos como en la tierra, es simple, el polvo lunar es más fino que la cocaína más pura, y en pocas palabras lo respiras y te mueres, o es lo que me dijo mi madre antes de morir, hablo de la cocaína. Volviendo al tema, otra razón por la que no hay Búnkeres en la luna como en la tierra es que si los hay pero son secretos, y claramente a los hombres de poder les importa un carajo la construcción de nuevas ciudades. La humanidad tiene millones de áreas 51 en todo el sistema solar, y los simples mortales jugamos a adivinar que hay dentro, ahora yo adivino, hay una máquina del tiempo en uno, apuesto ahora mismo mi paga de un año a que es así.

Entramos a base de un código encriptado en el elevador superficial del IPCDI, que sin razón alguna comenzó a bajar por pisos que ni siquiera tenía idea de que estaban ahí, los códigos fueron des encriptados por los dos súper espías secretos, de los cuales, jamás había escuchado hablar, eso de ser secretos se les da muy bien debo admitir. Sus nombres son Cristina Parker y Saúl González, quienes, según el doctor Filmness, son las personas más peligrosas de todo el sistema, y era cierto, porque me llegaba el olor a plástico nuevo desde que los vi por primera vez.

Ellos son los denominados como Súper Humanos, cosas muy diferentes a los, Humanos Actualizados con Robótica *(ciborgs)*, como la gran mayoría de personas, y la Evolución Humana Encarnada *(los EVO)*, o bueno más bien nos referimos a Jonny Orozco, ya que no hay nadie más que califique como *EVO* 100% natural más que él. Aquí es donde entran los *Súper Humanos*, que son personas sometidas a *Edición de A.D.N.*, en pocas palabras, es como hacer una limpieza, quitamos todos los errores posibles del código de programación de los humanos *(el A.D.N.)*, y luego obtenemos a estos especímenes, son muy raros ya que la edición de *A.D.N.*, es exclusiva para elementos de este departamento y la *Defensa Mundial*, además de que tienen una capa de *Membranas de Hobson* alrededor de su cuerpo, como la que me pusieron a mi cuando llegué, la diferencia es que la mía solamente es para adaptarme a la gravedad, las modificaciones que tienen ellos las desconozco, sólo me pregunto: ¿qué tanto se enojaría Sam si me atreviera a profanar su tecnología con mis manos?. Preguntemos ahora mismo enviado la misma pregunta a su sistema.

Sam estaba sentado en el asiento frente a mí, el cual va en reversa; él veía la ventana, observando la oscuridad del túnel, tal vez meditando, en fin, miró al infinito un momento y me miró a los ojos, y luego dijo en voz alta:

-       Sólo te permitiré usarlo si le das una paliza con él a Jonny Orozco, y luego deberás prestármelo para hacer lo mismo.

-       Perfecto Sam – dije – tenemos un trato.

A un costado de mí, estaba Jorch quien charlaba con Cristi, o más bien ella platicaba con Jorch quien solamente la veía y escuchaba la larga conversación de ella, que consistía en explicar en de qué trataba su empleo y que tan interesante es. A Jorch le agradaba, pero tal vez ella no lo nota, pero mi amigo se sentía muy incómodo de hablar con ella de la manera en la que intentaba hacerlo, en ese momento me envió un mensaje que decía: *"esto irá demasiado lejos amigo, sácame de aquí",* entonces respondí: *"copiado",* así que me levanté y me senté bruscamente entre Jorch y Cristi de la manera más incómoda que pude y comencé otra conversación:

-        ¡Muy bien! Y, ¿ustedes son algo así como nuestros guarda espaldas, compañeros de guerra o algo parecido?

¡Cuéntenme!, cual es la misión ultra secreta que tienen ustedes, ¡no me respondan! Ya sé extraterrestres y cosas súper secretas ¿verdad?

-        Si mira – dijo Saúl en un tono frío y sin hacer contacto visual – sea lo que sea, no pueden contar esto a nadie, por ningún motivo, a menos de que quieran ser encerrados en el complejo de Titán.

-        ¿Complejo de Titán? – preguntó Jorch confundido

Cristi volteó a ver a Saúl de manera bochornosa, lo que hizo que él viera su expresión un momento y luego regresó sus ojos a donde se encontraban para disimular, se puso un poco rojo por la presión y la vergüenza, obviamente nos mencionó algo que no debíamos saber.

-        Creo que empezó a ser mucho más interesante esta plática – dijo Jorch - ¿qué más datos curiosos tienes?

Saúl se puso rojo como tomate pero no por vergüenza, ahora fue por ira, tomó de la chaqueta a Jorch, lo levantó, y le escupió un par de oraciones que eran:

-        Escúcheme con atención Científico González, ustedes simplemente son los cerebritos reemplazables de todas las misiones, así que solo le recomiendo hacer su trabajo y no tratar de hacer vínculos emocionales para obtener información clasificada, y le diré una cosa: Si se atreve a contar una palabra sobre esto la próxima misión será liquidarlo a usted, ¿entendido?.

- Hablando de liquidar – dijo Jorch mirándolo sin miedo a los ojos – que te parece si retrocedemos a la edad de piedra y te dejamos por ahí, te sentirás como en casa. Tal vez así podrías liquidar unas cuantas minas de diamantes y traerme un poco de dinero.

Saúl se estaba enfadando demasiado, hasta el punto de ponerse rojo como tomate, Cristi lo tomó del hombro y le dijo que si nos mataba el sería quien se iría a Titán.

- ¡Jaaa! – dijo Jorch – ¿Cuál es la diferencia entre un troglodita y éste sujeto? ninguna, ambos son igual de fáciles de matar.

Sam arrojó a Jorch con furia a los asientos, yo simplemente los miraba tranquilamente, Saúl quiso dar el primer golpe, su puño casi toca la cara de Jorch, pero se detuvo, o tal vez algo lo detuvo, estaba titubeando inmóvil, mientras Jorch se levantaba y decía:

- Buen muchacho. Ahora siéntate.

Cosa que Saúl hizo de inmediato, pero forcejeando, las venas se le veían en la frente, estaba esforzándose mucho, todos se quedaron impresionados menos yo, Jorch se paró alado de mí, y dijo con una mueca:

- Descubrí el líquido inteligente invisible del Dr. Filmness, ¡es genial! ¿no es así?
- ¡Sí! – dije viendo fijamente a Saúl.

Cristi se estaba enfadando, entonces Jorch dijo:

-       Este tipo no es Saúl, los Súper Humanos son altamente agresivos, pero este se pasó de la raya, además, yo conozco a Saúl González como si fuera mi hermano, literalmente.

Cristi abrió los ojos y miró a Jorch.

-       ¿De qué hablas? Hace unas horas estaba bien.
-       Es un espía – dije – bueno, no como tal, está siendo manipulado como un títere por alguien, ¿es tu hermano? Eres un pésimo mejor amigo.
-       Es ultra secreto – dijo Jorch – prácticamente es como si no existiera. Además si hablaba del tema me metían a la cárcel ¡viejo! pero vaya que hace tiempo que quería poner a este sujeto en su lugar después de dejarnos a mí y a mamá.
-       Bueno es peligroso que vaya con nosotros aunque recupere la conciencia – dijo Cristi

Entonces ella golpeó a su colega y lo dejó inconsciente, el pequeño tren se detuvo y abrió sus compuertas. Una chica de tez negra con bata de laboratorio vio la acción levemente, mientras la puerta se abría diciendo:

-       Bienvenidos al Centro Lunar de Investigación del Tiempo, ¡Hay por dios!
-       Llévenlo a un hospital urgente – dije – díganles que tiene un sistema anti singularidad hackeando su mente.
-       Eso es imposible – afirmó la mujer antes de saber con exactitud quienes éramos.
-       Tan imposible como viajar en el tiempo – exclamó Jorch – ahora llévate a mi hermano ya.
-       Si señor González – dijo la chica, al instante que le apareció nuestra información.

Su nombre era Irene Howglam, según apareció al acercarme a ella, entonces un par de muchachos de primeros auxilios llegó con una camilla, lo subieron y se fueron con el pequeño tren.

-        Bueno al parecer ya saben quién soy, seré la encargada de manipular la máquina mientras ustedes están dentro, síganme viajeros.

6.   La Dimensión del Frío.

Cristi, Sam, Jorch y yo caminamos a través del pasillo del complejo, que más bien parecía una estación espacial de baja resolución en una película pirata del espacio, el tubo parecía que era de plástico forrado con aluminio, todos lo mirábamos con una especie de desconfianza, en fin, esperábamos una gran fortaleza enterrada en el núcleo de la Luna, pero lo que nos encontramos era deprimente.

-        ¡Muchachos! – decía Sam – Tal vez no puse mucha atención, ¿ya estamos en el pasado?

-        No Dr. Hobson – decía Irene – ésta instalación fue montada rápidamente cerca de la mina más grande de Helio-3 lunar para la máquina del tiempo, los humanos no venimos aquí, estas minas son explotadas en su totalidad por robots.

-        ¡Claro Hobson! – decía Jorch con una cara hipócrita – todos lo sabemos, ¡obviamente! ¡puf! ¿no tienes imaginación?

Sam miró a Jorch cerrando un poco los ojos, y luego Jorch le giñó el ojo con una risita para indicar que estaba bromeando, Sam sonrió, cerró los ojos y ambos siguieron caminando. Cristi seguía sin decir una palabra, tal vez digiriendo lo que sucedió, entonces me dijo:

-        ¿Cómo adivinaste que tenía una máquina anti singularidad?

-        ¡No lo adiviné! – dije – es un Súper Humano, y sólo puede ser actualizado con la *Actualización de Harcowich*, tiene el sistema más vulnerable de todos, si sabes cómo funciona.

-        Entonces yo también podría ser una espía – afirmó Cristi.

-        ¡No lo eres! – dije.

-        ¿Cómo lo sabes? – preguntó Cristi.

-        Mira cuando me acerqué por primera vez a ustedes, apareció información en mi cerebro, es decir, información general, en particular, él tiene en su memoria registrada la carrera de Ciencias del Tiempo, y tú no.

-        ¿Eso qué tiene que ver? – dijo Cristi.

-        Que si se tomó una píldora mágica, significa que fue hackeado si o si – respondí – esa carrera está repleta de virus encriptados con anti singularidad.

-        ¿Y eso como...

-        ¡Clasificado! – interrumpí – si te sirve de consuelo, Jorch se dio cuenta porque su hermano actuaba como si no lo conociera, en lugar de darle un abrazo.

Cristi se calló y siguió caminando sin decir una palabra. Al salir del túnel de aluminio de cocina, dimos con un domo parecido al de la ciudad para almacenar atmósfera, se veían las estrellas de un modo en el que jamás las había visto, al mirar al norte, obtuvimos la vista más impresionante de la Ciudad de Polvo Lizo, toda la ciudad brillaba como si te encontraras en el país de nunca jamás, me cautivé un momento y unos cuantos grados arriba se veía la tierra, sentí mucha nostalgia, bien de poder sentir cosas que jamás había experimentado, me sentía feliz, entonces Jorch me dio un par de golpes con el codo para que mirara su perspectiva, al voltear, vi un enorme telescopio conectado a una gran estructura metálica en forma de aro, su diámetro era de aproximadamente 8 metros, era como si el orificio dónde pones tus ojos para ver a través del telescopio, fuera un gran portal, en frente había una esfera metálica con pequeños cohetes ligada una vía de tren que avanzaba al portal, a 10 metros de distancia.

Irene nos dijo que nos colocáramos en una cámara individual, que eran una especie de tubos transparentes con una gran estructura extraña, por detrás, estaban conectadas. Respiré profundo, y por encima cayeron grandes cantidades de un líquido extraño, parecía mercurio, todos empezamos a gritar de manera desesperada, por un momento pensamos que por fin había llegado nuestra hora, pero no, era liquido inteligente que nos puso otra capa de *Membranas de Hobson*, y luego se dispersaron, lo que si sucedió es que nuestra ropa se quemó, o no estoy seguro de que fue lo que le pasó exactamente, pero nadie se sintió avergonzado al salir desnudo frente a los demás, el ¿por qué? Es muy simple: Brillábamos como el diamante puro, aunque conservábamos el color de nuestra piel, simplemente nuestra anatomía era perfecta, nuestros ojos tenían un hermoso color negro y se hicieron más grandes, Hobson al salir exclamó.

-       Jonny Orozco obviamente no necesita esto para sobrevivir ahí fuera, a no ser por una máscara de oxígeno y unos cuantos abrigos, pero nosotros sí, ¿Qué tal?

Todos estábamos observando impresionados nuestro nuevo cuerpo y afirmamos:

-       ¡Perfecto!

Hobson soltó una risa heroica.

-       Manos a la obra – agregó.

Todos abordamos la esfera, una luz roja en el techo se encendió, y varios satélites telescopio se enfilaron en puntos estratégicos alrededor del gran lente, una voz que sonó en todo el sitio, mediante los altavoces, anunció: *"estrella localizada a 1764 años luz de distancia"*, Irene apareció en nuestro cerebro y dijo: *"Tienen que esperar a que sean las 2:42:01 p.m. que será el segundo exacto en que el objeto aparecerá frente al lente del KRONOS 3216, se queda medio segundo y desaparece, recuerden que un viaje en el tiempo representa un gran gasto de presupuesto, así que graben todo lo que puedan. En caso de ser una nave espacial, recuerden que ustedes en esta dimensión no son materia, por lo tanto entren sin pensarlo a investigar, el tiempo que pasan en el pasado es relativo al que pasan fuera del presente, así que tienen 2 horas para analizar el objeto extraño y regresar, ¿todos copiaron lo que dije?"*, gritamos como militares unísonos *"¡fuerte y claro!"*, *"muy bien, recuerden que cuando la partícula colapse por las fluctuaciones en su interior todos ustedes aparecerán en el lugar donde se encuentren, así que acérquense lo más posible, las coordenadas iniciales a mi señal"* entonces la voz de Tomás voceó todo el sitio: *"fotón del tiempo frenado, iniciando bombardeo"*. Los satélites crearon un campo de fuerza que hizo que el fotón de luz bajara su velocidad aumentando su masa a una más pesada, la pequeña partícula entró por el gran aro, y se detuvo en la gran burbuja de materia exótica con un vacío estable sin fluctuaciones en su interior, y provocó fluctuaciones alterando la tranquilidad de la pequeña burbuja, la energía de vacío se desestabilizó, y justo cuando parecía que se iba a expandir, la voz robótica de Tomás dijo: *"partícula súper simétrica encontrada"*, y unos poderosos y agresivos rayos láser bombardearon la partícula, y a desgastarla, el vacío casi absoluto colapsó, y una gran explosión se dispersó dentro de la gran burbuja de materia exótica, acabábamos de romper la realidad fundamental por un pequeño lapso, la nave en la que nos encontrábamos reaccionó y arrancó bruscamente llevándonos hacia esa gran explosión, en donde se mezclaba fuego y materia oscura, todos gritamos, era un evento aterrador; el gran aro comenzó a crear un campo de energía negativa fruto específico de la energía que estaba soltando la explosión, entonces la nave entró en ese infierno, la explosión se apagó y desaparecimos con ella. En el laboratorio solo se observaba una esfera como de cristal con cenizas flotando por dentro, que en realidad era energía negativa y anti materia que se vino a nuestra realidad, ya que la *supersimetría* tenía que cambiar energía igual a la que ingresó a su realidad por la opuesta, Irene dio la orden de recolectar toda esa energía ya que es la misma con la que van a detener el flujo del tiempo dentro del *MUNDO NEGATIVO*, con energía negativa que obtuvimos gratis gracias al cambio de dimensiones.

Jorch, Cristi, Sam y yo, aparecimos en el mismo lugar en donde solía estar el laboratorio, pero ahora no había nada en ese espacio, esto es sólo lo que pude ver en mi primera impresión en el pasado, ya que la nave vio un momento la superficie de la luna de esa época en donde se apreciaban los gases de Helio-3 y se fue al suelo, aquí todo es oscuridad, y eso solo indicaba una cosa, la máquina del tiempo funcionó bien, ¿cómo me di cuenta?, acabábamos de atravesar el piso. Entonces comencé a aprender cómo controlar la nave espacial para poder llevarnos primero, a la superficie y después a la locación del avistamiento.

Después de que todos intentábamos participar por descubrir cómo funcionaba la nave, por fin pude controlarla tomando como base *Ciencias del Tiempo de Jonny Orozco*, en donde nos explicaba cómo desarrollarla y construirla, Jorch y yo sabíamos también que era una potente nave espacial que se podía utilizar en la vida real, pero si o si tiene que llevar combustible para viajes largos, sin embargo no me dejaba de quedar claro de lo que Jonny es capaz de hacer, por lo que empecé a imaginarme algún invento para protegerme de él en caso de ser necesario.

Cuando por fin pude llevarnos a la superficie, volteamos a ver en dirección de donde debería estar la Ciudad de Polvo Lizo, que en aquel entonces no era ni la mitad de lo que es hoy en día, entonces Cristi propuso:

-        ¡Vayamos a ver la Ciudad!, aún tenemos tiempo.

Jorch y Sam dijeron que estaban de acuerdo, y entonces fuimos a ver la vida de los Lunarences solo por un rato, para sorpresa de todos, aun la gente usaba cascos y trajes espaciales de lo más primitivo, las casas eran grandes remolques metálicos en donde vivían familias completas, a pesar de ya haber una gran cantidad de humanos, las condiciones en las que vivían eran tétricas y espeluznantes. Es gente altamente entrenada para soportar uno de los pasos más importantes de la humanidad, auténticos héroes.

Todos observábamos la vida cotidiana de las personas del pasado desde la cápsula, después logramos captar algo que nos desconcertó a todos, una entidad que no pertenecía al grupo de personas de la época apareció observándolos de cerca, mientras hacían ejercicio y las labores primordiales para mantener la masa del cuerpo intacta, entonces Jorch preguntó:

-        Oigan, ¿Alguien ha visto a Sam?
-        Está jugando con los Lunarences – dijo Cristi.

Entonces voltee a ver a su asiento y efectivamente ya no estaba.

-        Creo que ahora más que nunca está feliz de ser un Hobson – comentaba Jorch – solo miren a esas personas, tienen una vida muy difícil, y están dispuestos a sacrificarlo todo por la ciencia.

¡Claro!, hasta que llegó Solem Hobson y su actualización evolutiva, que hizo que pudieran dejar atrás esos molestos trajes espaciales.

-        Si – añadí – ahora bien, sabemos que es un hecho que la familia de Sam hizo que todos ellos pudieran sentirse mejor, pero solo mírenlo, regresando a la misión, los estamos observando y ni siquiera se dan cuenta que estamos aquí, me temo que estamos a punto de dar el salto más grande para nuestra especie, y es que, de verdad me siento un alienígena. Si ahora podemos observarlos de manera tan ridícula, quien nos garantiza que algo no nos ha monitoreado siempre.

Todos callamos por un momento y entonces decidimos bajar a acompañar a Sam, nos pusimos en la cámara de eyección y salimos por encima de la nave, caímos al suelo, cosa que no debió de haber pasado, en realidad debimos atravesarlo. Sam quien estaba parado en frente de nosotros dijo:

-        ¿Les gusta? Está diseñado para simular la gravedad de la tierra en este espacio en donde nuestra masa se anula.

Todos asentimos, mientas Sam miraba nostálgicamente a las personas de esta época, el atardecer lunar comenzaba a caer en el paisaje de un padre jugando con su niña de 5 años, en una bonita pradera artificial, donde los vientos chocaban con el pasto, fue una vista conmovedora y tierna, entonces el papá le quitó el casco a la niña, y ella respiraba de manera brusca pero estable, entonces él también se quitó el casco, le dio un beso y dijo:

-        Algún día podremos respirar bien aquí afuera, y no necesitaremos estos cascos.

Jorch tomó del hombro a Sam y afirmó en un tono compasivo:

-	¡Y así fue!

Sam volteó a vernos a todos, y nos miró uno por uno a los ojos, sonrió de manera emotiva, casi queriendo llorar, y dijo:

-	¡Gracias por dejarme participar en esto!
-	¿Gracias? – pregunté retóricamente – ni siquiera podríamos estar aquí afuera si no fuera por ti Sam, eres parte del equipo – añadí.

Nos dimos un abrazo grupal y gritamos una gran frase emblemática en esa linda pradera junto al atardecer lunar.

-	¡Todo por la evolución de mi especie!

7.   Un Descubrimiento Obsceno.

De repente en la nave sonó una fuerte alarma, todos nos vimos fijamente y corrimos para ver qué sucedía, cuando tomamos los controles de la nave se escuchó la voz de Irene quien dijo: "*Muy bien temponautas, al parecer han aprendido a manejar los controles de todas sus nuevas características, ahora ya se aproxima la hora en la que se tienen que ubicar en el punto de encuentro y esperar, los monitoreamos desde allá*".

Al terminar la manifestación de Irene, tomamos nuestras posiciones de vuelo, al estar todos listos, arranqué los potentes propulsores y partimos en dirección a la ruta del *Satélite KRONOS 3216*, que tal y como lo observábamos en la imagen, estaba a punto de pasar por encima del Ecuador. Faltaban sólo diez minutos para que los sucesos de la imagen dieran presencia, nos pusimos en la posición más cercana a la distancia en donde se apreciaba la mancha de la foto, todos estábamos alerta, cuando de repente se escuchó de nuevo la voz de Irene: "*Tempo nautas alerta, tiempo ralentizado en un 70%*", al escuchar esas palabras, la tierra comenzó a moverse de manera más lenta, casi imperceptible, todos conectamos la eco localización, y esperamos a que lo desconocido nos empapara de nuevos conocimientos y enigmas.

La tranquilidad era absoluta, las cosas se quedaron así por un lapso de tiempo que para nuestra perspectiva fue muy largo, realmente yo estimo que estuvimos haciendo nada por aproximadamente 30 minutos, aunque pudo ser más. El tiempo se estaba acabando, el medio segundo que se presumía estaba a punto de terminar, cuando de repente Cristi se estremeció con una sensación de miedo inenarrable, y nos alertó:

-        ¡Chicos! ¿Están sintiendo esto?

Todos pusimos más atención, y justamente detrás de nosotros una gran estructura de aproximadamente 10 kilómetros de área hizo acto de presencia, todos quitamos la eco localización y volteamos la nave, para ver el objeto extraño por la ventanilla, la expresión de mi cara y del terror que ésta manifestaba era íntimamente desorbitada. La estructura era una gran esfera con picos metálicos, anillos que rotaban alrededor de ésta que a su vez tomaban un aspecto parecido al líquido inteligente, el los colores trasladaban como auroras sobre la estructura negra, con algunas luces de color rojo, eran majestuosas y a su vez tétricas, la vida hipotética parecía ser más que nunca una realidad, entonces tomé el mando y grité sin pensar a Irene:

-        ¡Detén más el tiempo! ¡Berflowsky tenía razón!

Acto seguido, Irene aumentó la potencia hasta el 98% de las capacidades y dijo en un tono apurado: *"Listo, salgan de la esfera y vayan a su interior de inmediato"*. Todos salimos desesperadamente de la nave y volamos hasta donde se encontraba la estructura. Recibí un mensaje de Jorch que decía: *"¡Maldita sea! Finguerly, mira el aspecto de esta cosa, no quiero ni imaginar de que puede ser capaz como para aparecer así de la nada en un tiempo ralentizado"*, entonces coordiné:

-        Cristi y Sam a los anillos, seguramente dentro deben de tener complejos; Jorch conmigo, al interior de la esfera.
-        Copiado – dijeron todos.

Aquel objeto era muy intimidante, es algo que se escapaba completamente de mis capacidades, al acercarnos cada vez más a la superficie, me di cuenta de cuantos detalles tan minúsculos en ingeniería se necesitan para lograr algo parecido, ni siquiera podía imaginar que tan pequeños tenían que ser los nano robots para crear un líquido inteligente tan avanzado, aunado a ello, me di cuenta que partes minúsculas, no comprendían la misma clase de líquido inteligente, sino que además, eran de diferentes tipos, Jorch y yo veíamos ese inmenso mar de moléculas artificiales con horror, y justo cuando estábamos a punto de sumergirnos, Jorch me dijo:

-       Tengo mucho miedo Daniel, me siento como un niño asustado apunto de meterse debajo de la cama.

Jorch y yo nos tomamos de las manos, cerramos los ojos como si fuésemos a recibir a la muerte y entramos dentro del gran mar de materiales. Después de sumergirnos cada vez más y más mi sistema captaba elementos de todo tipo dentro del compuesto, incluyendo tipos de gases que jamás en mi vida había imaginado que siquiera existían. Todo adentro era un caos de tormentas chocando unos contra otros, en combinaciones que escapaban completamente de mi comprensión; violentos rayos eléctricos que superaban por mucho los que se monitorearon en Júpiter, y esa situación era una de miles de cosas que sucedían al mismo tiempo sobre ese gran infierno en el que nos encontrábamos.

Jorch de repente soltó mi mano de manera brusca, como si algo lo hubiese jalado de la nada mientras gritaba por el comunicador: *"¡Aaaah! Danieeeeeel"*. Inmediatamente voltee a ver en su dirección y fui en su ayuda, sentí el miedo más grande que jamás había experimentado, de repente una gran fuerza comenzó a atraerme a mí también, frené hasta bajar a una nube con un negro absoluto situada en una cámara hecha de un material altamente resistente y extraño, la gran nube terminó tragándome y al intentar salir, vi una gran nube de luz que se acercaba a velocidades inimaginables dirigiéndose a un núcleo, que miré con gran horror, y el mismo era el causante de las grandes nubes luminiscentes que no se detectan desde afuera, el único objeto en el Espacio Sideral del cual ni siquiera la luz puede escapar, un agujero negro. Jorch estaba a un costado de mí volando hacia arriba como yo, pero en realidad no se movía. Y me pregunté ¿por qué un agujero negro está apunto de desayunarnos? si mi materia esta anulada, pero recordé que no solamente la luz no puede escapar de una de estas cosas, sino que tampoco el tiempo. Miré a Jorch y le dije por el comunicador:

-       Hay que agradecer que esta cosa no es uno grande González, ¿Sabes dónde está aproximadamente el *horizonte de sucesos*?
-       A 10 centímetros de la punta de nuestros pies – respondió gritando.

El *horizonte de sucesos* es la zona en la que un agujero negro comenzará la parte de la espaguetización (el punto de no retorno), es decir, si entramos en esa zona, estaremos muertos automáticamente, ya que tomará toda nuestra materia y la asimilará como parte integra de sí, estirándonos como a un espagueti largo y en espiral. Llamé a Cristi y a Sam, y les dije que se colocaran en un punto fuera de la nave con la nuestra, una vez estando ahí, Sam nos envió una cuerda de líquido inteligente a nuestra posición, mismo que cubrió todo nuestro cuerpo como en una especie de capullo, entonces nuestra nave nos jaló con fuerza, nos movía poco, por alguna razón el agujero negro se volvía más fuerte a cada instante, entonces Sam terminó por poner nuestra nave a la máxima potencia con el turbo activado, tiró un momento, y nos sacó lentamente hasta salir volando por la inmensidad mientras todos intentábamos frenar. Una vez conseguido Jorch y yo estábamos adoloridos y el cuerpo nos punzaba, a mí por mi parte me dolían hasta los huesos por no tener la *actualización de Hobson* en mi esqueleto, pero agradecido de no haber muerto.

Al entrar a la nave, Sam nos abrazó y dijo:

-        Están bien, me alegro.

-        ¿Qué sucedió allí dentro? – preguntó Cristi con los ojos abiertos y muerta del miedo.

Jorch y yo nos vimos la cara y nos empezamos a reír, mientras hacíamos presión en nuestras costillas.

-        ¡No fue nada Cristi! – exclamé riendo – ¡solo es Albert Einstein y su estúpidamente fácil ley de la relatividad! – añadí.

Después de mirar con detenimiento aquella espantosa pero increíble estructura alienígena, nos dimos cuenta que ingresar en ella no solamente representaba un gran peligro para nosotros en la forma de fantasmas, sino que además no comprendíamos si de verdad estaba tripulada o simplemente es una *Zonda* como las que enviamos a visitar planetas como Júpiter o viajes de muy alto riesgo para un ser humano, y nos percatamos de que aquella estructura no solamente podía tener uno, si no varios agujeros negros dentro.

-        Chicos – decía Sam – lo que grabamos dentro de los grandes anillos es tecnología que no alcanzo a comprender de manera certera, es una maldita locura.

-        Yo digo – propuse – que con lo que tenemos es suficiente, solo hay que dar un par de vueltas a su alrededor para terminar un esquema de su estructura y luego estudiar a fondo <u>en un seguro y tranquilo laboratorio</u>.

Todos estaban de acuerdo conmigo por lo que emprendimos un viaje estratégico para tener imágenes 3D de su totalidad, pero cuando nos acercamos a la gran estructura, comenzó a rotar sus anillos de manera fluida a pesar de que teníamos detenido el tiempo, inmediatamente llamé a Irene y le dije:

-        Necesito más tiempo, no quites el flujo del tiempo.
-        ¡Daniel! – respondió – el tiempo sigue detenido en un 98%.
-        ¿Qué? – dijo Jorch.

La gran estructura comenzó a moverse de sitio, yéndose en dirección de marte.

-        ¡No! – gritó Jorch viendo como sin problemas se iba a una gran velocidad.
-        ¡Vayan detrás de ella! – ordené – Irene detén más el tiempo.
-        Tiempo detenido al 99% - voceó.

Pero la nave no bajó su velocidad ni un poco, por el contrario comenzó a acelerar.

-        Irene – grité – ¡tal vez no me expliqué bien! Al 100%, repito al 100% maldita sea.
-        Se gastará toda la energía negativa que te queda, tienes 10 minutos, Tiempo detenido al 100%

La nave siguió su curso a pesar de que debió frenar, por alguna razón aunque el tiempo estuviese completamente detenido, se fue y no pudimos hacer nada para detenerla. Di un puñetazo a los controles y exclamé:

-        ¡Mierda! – mientras apretaba los dientes de la rabia.

Toda mi tripulación se quedó sorprendida al ver tal hecho, ¿Cómo puede ser posible? Debo encontrar una maldita explicación.

8.   Los Astronautas Borrachos.

Regresamos al punto exacto de donde comenzó nuestro viaje temporal, bueno más o menos cuando nuestra *supersimetría* se estaba restaurando; apenas veníamos llegando al vertedero de basura de donde empezamos, y aparecimos de la nada en una pila de escombros, con la cual chocamos y terminó abollando un poco nuestra nave espacial. Entonces Irene exclamó con una voz bromista:

- ¡Vaya! Por lo menos estos si regresaron al punto de partida, ¡que amables!

- ¿De qué hablas? – decía Sam mientras se bajaba y sacudía el polvo de sus rodillas.

- Bueno, Jonny Orozco una vez calló en el mar, otras veces no sabíamos dónde estaba, y resultaba que ya estaba en su mansión en la tierra, una vez apareció en un campo de golf, en fin, había muchas indiscreciones por su parte.

- Qué bueno que lo dices – decía Jorch – para la próxima hay que aparecernos en un bar donde nos den un poco de wiski, o aparecerle por sorpresa a Gina, las posibilidades ahora son infinitas. Uf! El susto más grande de su vida a Leuler, ¡sería legendario!

Irene miró la cara de sarcasmo de Jorch y dijo:

- Bueno doctor González, tal vez podamos cumplirle aquí mismo eso del wiski que tanto se le antoja.

Entonces llegaron un grupo de hombres con charolas repletas de vasos con delicioso alcohol, Jorch y yo olfateamos como perros hambrientos, se nos salió un poco la baba de los labios, y preguntamos unísonos:

-        ¿Por qué?
-        Por el descubrimiento de la vida extraterrestre, por parte del equipo Finguerly, vamos a brindar.

Jorch y yo no nos la pensamos dos veces, fuimos y empezamos a bebernos todos los vasos como desquiciados, mientras comentábamos.

-        ¡Maldita sea Daniel! tanto tiempo sobrios, de verdad rompimos records.
-        Ni que lo digas, en el agujero negro me dio tanta sed que pensé que nunca iba a volver a tomar wiski.
-        Emborrachémonos para la posteridad, hagamos historia amigo.
-        ¿Ustedes que están viendo? – pregunté a los demás, que sólo nos veían tomar – vengan a beber un poco, si no se acaba – añadí.

Todos los demás sonrieron y gritaron:

-        *Un brindis por los mejores* – apuntando sus vasos hacia Jorch y a mí.

Entonces recuperamos la postura y nos encerramos en su círculo y dijimos:

-        *Por los mejores* – apuntando hacia ellos.

Y entonces todos unísonos.

-        *¡Todo por la evolución de mi especie!*

Tomamos un trago y arrojamos los vasos al piso, sobra decir que se rompieron. Pero esta vez hubo algo diferente, una voz que no se había escuchado antes, entre la multitud apareció, era el Dr. Filmness Berflowsky, Cristi al verlo se puso en firmes e hizo el saludo de lealtad, Filmness asintió, sonrió y apuntó su copa de vino tinto hacia Jorch y a mí; chocamos cristales (con otros vasos claro), y festejamos incesantemente toda la noche.

CAPÍTULO IV

LAS NUEVAS OLIMPIADAS

1.   La Filosofía de Berflowsky.

Imaginemos un globo, y tú estás a punto de inflarlo, pero antes dibujemos un pequeño punto con un marcador. Ahora al inflarlo, observa con asombro que el pequeño punto se está volviendo más grande y además su color se vuelve menos fuerte. Mientras más inflas tu globo las partículas de tinta que componen tu punto completamente negro empiezan a separarse cada vez más de sí.

Olvidemos el globo un momento y pensemos en la velocidad de la luz, que según las leyes de la física nada puede superar ésta velocidad, por lo que si quisiéramos viajar a una estrella situada a diez con tres ceros detrás años luz, esto considerando que el objeto no se mueva, y sería precisamente lo que te tardarías en llegar: 10000 años viajando a la velocidad de la luz. Según la física el universo debería de ponerte trabas para evitar que puedas ir más rápido, y así los viajes espaciales a distancias largas se vuelven imposibles, pero ¿Qué sucede? Que hace una semana una nave espacial alienígena se escapó de entre mis dedos para marcharse al cosmos, y así fue aunque detuve el tiempo al 100%, ¿cómo puede ser posible tal locura?, ¿acaso los extraterrestres detienen el tiempo para viajar?, pues yo creo que no, puesto que envejecerían de igual manera aunque su nave llegase al punto de origen sin tripulantes en 30 minutos, ¿o es que acaso son inmortales y al parecer les da lo mismo el tiempo que pierdan? Pues yo tengo otra hipótesis que tal vez, podría ser un método para viajar más rápido que la luz sin hacer trampas. ¿Recuerdas el globo con el punto negro que inflaste? Bien, imagina que ese globo es el universo, y el pequeño punto es nuestra galaxia, ahora recordemos que el universo se expande de manera continua sin detenerse, lo que significa que cada día, tus átomos están cada vez más separados, tu baño cada día está más lejos, y a pesar de que sientes el calor y la cercanía absoluta de tu pareja cuando hacen el amor, debo decir que cada segundo que pasa están más lejos el uno del otro, así es la expansión del universo, simplemente a cada instante todo ésta más lejos de todo.

Pero ¿qué sucedería si por algún método desconocido, nuestra nave espacial pudiera ignorar la expansión del universo y nos quitamos esa molesta corriente que nos empuja hacia atrás cuando intentamos navegar libremente por el universo?, podríamos viajar a la velocidad de la luz, y simplemente podríamos rebasarla sin problemas, viendo a las pequeñas moléculas de fotones completamente estáticas y hacerles burla por la ventanilla mientras pasamos, ahora si a todo esto también podemos ignorar la segunda corriente que nos empuja hacia atrás: El tiempo, mucho mejor.

Así pues presenté la hipótesis ante el Dr. Filmness Berflowsky acerca del reciente descubrimiento de vida extraterrestre.

-        Perfecto Jóvenes – decía Berflowsky – tu teoría seguramente puede ser archivada en mi biblioteca para la posteridad.

Aunque la Física Teórica no deja de ser teoría hasta que alguien la compruebe, cómo la *Supersimetría* – volteando a ver a Jorch – en lo que a mí respecta Joven Daniel, tu potencial y tu nivel de razonamiento, son factores tentadores y a simple vista magníficos, así que te daré el consejo más grande que te puede dar un viejo para que lo apliques en tu vida: *"Has lo que te deje dormir mejor"* – Filmness nos empujó levemente por la espalda a hasta llevarnos a la ventana – a mí por ejemplo me deja descansar ver a esa gente vivir sus vidas con normalidad y felicidad, y es por eso que trabajo en este departamento, porque toda gran civilización con potencial necesita control, y es lo que te voy a pedir a ti Daniel – mientras tocaba mi cara con las dos palmas de sus manos – las cosas llegan a ti cuando estás listo para enfrentarlas, y no pienses acabarte todos los planes de tu vida en un par de semanas, ya que te olvidarás de lo que hiciste para llegar aquí y también de dónde vienes – mostrándome una foto grupal con mis amigos de la tierra – hoy les digo: ¡Bien Hecho! Ahora vayan a disfrutar la vida jóvenes, y no se olviden de descansar, sólo así podemos enfrentar nuestros sueños, ya que al empezar a cumplirlos, se vuelven nuevos retos también, y a veces, pesadillas.

Eso fue lo que nos dijo antes de vernos a los ojos, y como mirábamos las puertas de su biblioteca cerrarse en nuestras narices, la persuasión de aquel excéntrico viejo no dejaba de intrigarme cada vez más, es decir, me tenía atrapado en un mar de emociones mientras Jorch y yo lo seguíamos caminando por toda la oficina cual retrasados mentales. Al bajar a nuestra a oficina, Jorch trataba de adivinar exactamente lo que insinuaba el Dr. Filmness.

-       Ese Doctor Filmness, es mejor que yo manejando sentimientos, es muy hábil, ahora yo creo, si mis cálculos no me fallan, nos acaba de dar permiso para ir a la tierra – mientras se sentaba en el escritorio, dónde sonó un crujido.

Jorch abrió los ojos y se levantó rápidamente; sentir cosas crujiendo en tu trasero no debe ser algo muy común que digamos. Al ver el papel que Jorch acababa de aplastar, nos dimos cuenta de que eran boletos de viajes espaciales.

-       Creo que adiviné, ¡iremos a la tierra! – afirmó Jorch.

Le di un zape y le corregí:

-	No seas tonto, esos son boletos de la tierra a la luna, no de la luna a la tierra.

-	Yo quiero ir a la tierra, quiero beber un poco con los demás y ver las *olimpiadas*. Entonces ¿qué? ¿Deberíamos decirle que los compró mal?, imagina su cara, el Doctor Filmness equivocándose.

-	No creo que sea eso González, son demasiados.

-	Ajá, y bien ¿hay alguna otra cosa que quieras corregirme?

-	Pues hay otro tipo de boletos – continué – son casi la misma cantidad que los espaciales, pero sobran dos.

-	¿y para qué son? – dijo Jorch cantando y con la actitud infantil que tiene a veces – ¿se puede saber?

Me miré asombrado cuando vi que en la carátula de los boletos decía: "Boletos *VIP, Nuevas Olimpiadas*". Jorch abrió los ojos como platos, me miró y exclamó:

-	¡Ahora si somos gente muy pudiente y privilegiada!

2. Turistas Modernos.

Hablemos de Clases Sociales, ya que tal vez pueda sonar contradictorio decir que desaparecieron y después observar los grandes privilegios que tienen ciertas personas, y es muy simple, en los años 2000 antes de que la *singularidad* tomara el control de todo, la gente llamaba vivir bien a su capacidad de consumir, es decir, tener el último modelo de celular para que los demás lo vean y digan: *"¡Demonios! ¡Qué bien le va a ese sujeto!"*, y lo mismo sucedía con los coches, electrodomésticos, bienes raíces e incluso el precio de la comida que consumes y los zapatos sobre los que caminabas. Además de todo únicamente el 1% de la población mundial era dueño de la mitad del mundo, el 99% era dueño de la otra mitad, lo que provocaba la pobreza radical en muchísima gente. Hoy en día podemos decir con orgullo que Jorch y yo, ostentando el cargo que tenemos, pasamos a ser de las personas más ricas de los mundos, en fin, ganar 80000 gemas parece una locura, sin embargo en aquellos tiempos la gente respiraba y ganaba millones y millones de unidades de la moneda que más te guste, claramente las cosas son distintas en el hoy, ya que a pesar de que algunas personas no trabajen por que no quieren, son lujos que las personas de otras épocas no se podían permitir ni de broma, esto es porque nuestro consumo está controlado y es el fruto de evolucionar en un sistema NO erróneo, pero SI altamente mejorable. En la actualidad cosechamos en nuestras propias casas, las empresas no sobre explotan el consumismo, no arrasamos salvajemente los recursos a disposición, el dinero está distribuido de manera consiente, la gente se reproduce a un ritmo equilibrado, y además generamos 97% menos basura que en aquellos entonces, hay muchas cosas que se deben hacer para mejorar, y así ha sido siempre.

Una semana después Jorch y yo teníamos listos todos los preparativos para la gran experiencia que es presenciar las *Nuevas Olimpiadas,* seamos sinceros, verlas en tu casa con unos tragos y tus amigos es increíble, presenciarlas en persona, es difícil por no decir imposible, así es como te das cuenta del gran poder que tiene el Dr. Filmness Berflowsky. Si hay algo que tiene claro la gente es que los PRESIDENTES KEVIN SIMOR "DE LA TIERRA" & MATIUS LIUX "DE MARTE", son solo arrieros de ganado en manos de la verdadera persona más poderosa de los mundos, y ese es el Dr. Filmness, ¡y vamos¡, con ese gran carisma, liderazgo y las influencias sobre las personas que tiene a su alcance son simplemente brutales, la verdad desconozco que no puede hacer él, además de darles lo que quieren a unos pobres idiotas como Jorch y yo y luego utilizarlos para lo que se le antoje, es como darle una cerveza fría a tus trabajadores, estarán trabajando felices, lo harán bien y los puedes explotar más.

Jorch y yo llegamos en los bonitos automóviles que nos dio el IPCDI a la Terminal Inter-mundial de Polvo Lizo, para recibir a nuestros amigos de la tierra y darles una sorpresa que los dejará sin palabras.

Para nuestro deleite y diversión, Jorch y yo les pusimos unos cuantos acertijos para encontrarnos que nos hizo el día. Colocamos notas digitales en varios lugares del gran aeropuerto, como una especie de mapa del tesoro, entonces así los vimos ir del baño a la cafetería, de la cafetería a la sala de abordaje y regresar a diversos sitios. No hay nada más divertido que ver turistas caminar en manada como tontos sin sentido alguno. Jorch y yo los mirábamos a lo lejos, camuflados con lentes oscuros y comentábamos de la cara de Leuler cuando tomaba fotos de cada rincón del aeropuerto y lo guardaba en su memoria, nos hacía gracia, ya que no disimula absolutamente nada los gestos que hace cuando usa comandos de su Actualización Evolutiva, de repente los perdimos de vista, ya no aguantábamos las ganas y empezamos a reír como locos, entonces Nicole salió por detrás y nos tomó del cabello, Jorch y yo gritamos, Vanessa se acercó por el otro extremo y dijo:

-        Bien magnánimos papanatas, veo que su buen humor aún no ha evolucionado.

Jorch y yo nos pusimos colorados y nos disculpamos:

-        ¡Lo sentimos!

Y después de tener que escuchar el discurso aburrido de Miriam del por qué nuestra broma no tenía ningún chiste, finalmente los abrazamos fuertemente a todos y los invitamos a salir del aeropuerto, para ir al apartamento de Jorch a darles la noticia.

Nuestros amigos estaban intrigados de ver y sentir las calles de Polvo Lizo por primera vez, pero mientras más eran las intrigas, más iban a ser las preguntas. El *Descubrimiento de la Vida Extraterrestre* aún no es público, Jorch y yo no podemos hacer comentario alguno al respecto, y es un hecho que al salir a la luz provocará pánico en quién sabe dónde, no importa la época en la que nos encontremos, es algo desconocido y fuera de nuestro alcance... ¡por ahora!.

Por fin llegamos al apartamento de Jorch y todos se quedaron con la boca abierta.

-        Jorch – decía la señora Vélez - ¡esto es extraordinario!
-        Y debería ver el de Daniel – añadió Jorch.
-        Espero que el ego no se les haya subido a la cabeza en tan poco tiempo – dijo Leuler.
-        Si te refieres – dijo Jorch – a que debo dejar de jugarles bromas, pues no. Pero ustedes nunca dejarán de ser nuestros hermanos, mi casa es su casa.

-        Gracias hijo – dijo la señora Vélez.

-        ¿Qué deberíamos hacer primero? – preguntaba Relé abrazando con fuerza a Jorch – Ir al museo de asteroides, visitar el centro, tal vez los *Bares de la Noche Eterna*.

-        O tal vez – dije – ir a las *Nuevas Olimpiadas* en primera fila.

La habitación quedó en silencio, todos me miraron fijamente, yo me sentí incomodo, entonces Paulo, que también venía con nuestros amigos dijo:

-        Ustedes llevan muy poco tiempo aquí como para tener tan privilegiados boletos, debieron costarles una fortuna – se llevó los dedos a la barbilla – o tal vez amigos, estos muchachos han descubierto algo extraordinario estudiando Ciencias del Tiempo – añadió.

Todos nos miraron en silencio y justo cuando González iba a hablar, le tapé la boca y dije:

-        Clasificado – esperando un regaño – aún – corregí.

-        No podemos meternos en esto – dijo la señora Vélez – estos chicos han cumplido una de sus metas y por eso les han dado boletos de Celebridades.

-        Además – añadió Paulo – puede que nos hagan el anuncio en las *Olimpiadas*, siempre aprovechan para dar sorpresas sobre la ciencia y esas cosas.

-        Tal vez – dijo Jorch entrecerrando los ojos – pero debo decirles que da miedo.

Todos se quedaron pensando un rato en silencio, de corazón esperaba un reclamo por su parte, pero entonces Vanessa gritó con mucho ánimo:

- 	Pues entonces vamos a ver las *Olimpiadas*.

- 	Siiiiii – unísonos.

- 	Empiezan en 3 horas – exclamó Jorch acelerado – todos dejen sus cosas y vámonos.

Para ir a las *Olimpiadas* tenemos que tomar una *Nave Espacial*, y situarnos en una gran esfera que órbita la Luna, realmente es un viaje muy corto, esta estación espacial es un deportivo de gravedad cero en el cual se ejecutarán algunas pruebas de destreza física como siempre ha pasado en las *Olimpiadas*, obviamente solo puede competir gente con la actualización de Hobson, ya que la gravedad es simulada en algunos puntos con magnetismo y la actualización y... Hablando de Hobson nos acompaña Sam, Cristi e Irene. La terminal de vuelos estaba completamente llena por las *Olimpiadas*, pero nosotros tenemos boletos reservados, así que nos iremos en la primera Nave que salga, todos estamos emocionados, me relaja estar con mis amigos, todos al parecer se caen bien, y ahora solo espero a que empiece lo emocionante, la competencia de guerra final, no sé a qué loco se le habrá ocurrido, pero es el mejor deporte de la historia, yo lo practiqué de niño, me gustaría volver a jugarlo algún día, y si bien pude haber sido jugador profesional, yo quería ser Científico y el mejor manejando la realidad, pero dejando eso en fuera el juego es así:

Primero que nada hay que aclarar   qué las sinergias que maneja el videojuego son únicamente referencias de la realidad, y no son reglas exactas de la física, ni deben ser entendidas como hechos verídicos históricos.

La estación espacial en la que arribaremos es una gran esfera con la más alta tecnología en realidad virtual. ¿Por qué en el espacio? porque la nanotecnología de esta estación va a hacer una simulación en la esfera del tamaño de un país pequeño, ya que necesitaremos de un gran terreno para simular un pequeño universo equilibrado, las reglas del juego *Evo-Lose-Ion* son simples: *Evoluciona, sobrevive a tus enemigos y derrótalos antes de que un agujero negro se coma todo el sistema de planetas.*

3.   El Evento más Exótico.

Cuando llegamos a las *Nuevas Olimpiadas* pudimos ver los avances en tecnología más increíbles jamás imaginados, un gran *Estadio Espacial* donde los vendedores, tiendas de recuerdos, puestos de comida y más, invaden las entradas, incluso hay un *Cielo Simulado* para que parezca pleno día, pero al mirar al centro de las gradas con forma de coliseo, podemos observar la gran esfera en un vacío espacial macabro. No es igual mirarlo en casa que verlo desde aquí a todo color, es mucho más grande, es mucho más increíble, ¿cómo pudo el ser humano construir algo tan colosal? pues igual que todo, con la nanotecnología.

Mis amigos y yo compramos bebidas, botanas y nos pusimos a platicar de los acontecimientos más recientes, Nicole me explicaba que Gina quería venir pero en estos momento se encuentra en Marte haciendo sus estudios antropológicos, estábamos pasando un rato extraordinario, cuando de repente el cielo azul artificial se apagó, todo se volvió noche, luces de neón de color azul invadieron la oscuridad de las gradas, el espectáculo estaba a punto de comenzar.

La competencia de pruebas atléticas estuvo pasando al transcurso de la semana, pero pudimos llegar a ver el final, lo más interesante de todo, los equipos comenzaron a reunirse, entre muchos estaban los favoritos de mis amigos y yo, y esos eran *"Los Olímpicos de Nueva Grecia"*, en ese equipo juegan los 2 mejores atletas del deporte de ésta época: Ralph Orozco y su hijo Liam Orozco, y sí, encontrando el parentesco, son el padre y el hermano de Jonny, dedicándose al negocio familiar: *"Los Videojuegos"*, donde la gente si ama verlos.

Las cosas pintaban a que la competencia estaba muy pareja, *"Los Astronautas de Nasa, Marte"* parecían tener una gran fuerza y estrategias planeadas con precisión, así como *"Los Androides de Polvo Lizo, Los*

Mosqueteros de Súper Francia entre otros". Hay que considerar que un equipo en particular tenemos que apoyar todos si o si, y esos son *"Los Aztecas de Antiguo México"*, ya que son de la entidad de donde nacimos todos nosotros, excepto Sam, Cristi e Irene, quienes apoyan a los *"Androides de Polvo Lizo"*, pero es lo único, hace años que Antiguo México no sobre sale en ningunas olimpiadas y hay que aceptar que posiblemente no avancen más allá del primer viaje espacial, cada equipo tiene 6 jugadores, quienes nacerán en un planeta junto con otros 4 equipos, hay dos opciones al principio, declarar la guerra o aliarse, pero únicamente puede salir un equipo vivo de un planeta. Conforme avanza el juego los bordes del universo comienzan a explotar, por lo que hay que salir rápido y acercarse cada vez más al centro de la galaxia simulada, como se sabe en toda galaxia hay un agujero negro súper masivo en el centro, y la hostilidad del universo sigue siendo peligrosa incluso aquí en el juego, cosas que te pueden matar si te acercas demasiado a ellas que no forman parte de los equipos cómo: El Clima de los Planetas, Estrellas de Neutrinos (Púlsares), Estrellas Normales, Asteroides, Tormentas de Rayos Gama, Nebulosas, Súper Novas, Agujeros Negros y Sorpresas del Destino.

Nuestros amigos y yo fijamos nuestra atención primero en los *Aztecas* y dependiendo de que tan bien jueguen miraremos a los *Olímpicos*, toda multitud guardó silencio, la esfera comenzó a simular un Big-Bang, iniciando con la creación del tiempo, luego la materia y antimateria comienzan a crear el caos, luces y grandes choques dentro en la gran burbuja, y así sin más nuestros héroes aparecen en un mundo primitivo. ¿Si tuvieras que apostar sobre qué animal tomará el control de un planeta cual elegirías?

A)   Dinosaurios

B)   Monos

C)   Musarañas

D)   Pollos

Si tu respuesta fue "C", ¡estás en lo correcto!, las musarañas dominaron el mundo y las ves todos los días. Ahora bien, el juego comenzó en un día lluvioso, en un planeta con especies primitivas, entre todo el ecosistema de especies y biodiversidad de los planetas, tenemos que centrarnos en las 24 musarañas que aparecieron en cada uno, no en lo que trata de comérselas. La primera prueba es sobrevivir, nuestras 6 amiguitas de Antiguo México, a lo lejos entre todo el caos y ese primero y hostil escenario, vemos gallinas gigantes caminando y atemorizando al resto de especies, pero estos colosales animales tal vez son el menor de los problemas de las musarañas. Una de ellas comienza a recolectar alimentos y conocimientos en la cima de un árbol, la lluvia era cada vez más fuerte, un huracán costero sucedía, arrojando agresivos vientos, seguido de una tormenta eléctrica que aterroriza el lugar. La musaraña casi a oscuras, con únicamente la luz de un atardecer casi cegado, nota con horror cuando al chocar la luz de un relámpago, nota una peligrosa especie de serpiente que abrió el hocico para comérsela de un bocado, la musaraña miró heroicamente a la víbora, y justamente cuando la mordida llegaría, la rama en la que se apoyaba colapsó, y se la llevó consigo en dirección de un agujero físicamente planeado, en el cual, quedó atrapada y condenada a morir de hambre. Las musarañas comenzaron hacer hoyos bajo la tierra, cada vez más grandes pues a cada segundo su tamaño se extendía, pero refugiarse bajo la tierra profunda las salvará de lo que se avecina, el gran asteroide que en la vida real nos regaló la Península de Yucatán.

Al adentrarse más y más bajo la tierra para salvarse del caos que ocurre en estos momentos en la superficie, dos piedras dentro de la gran cueva caen por encima de dos musarañas de los Aztecas, claramente se trataba de una emboscada por parte de los *"Mineros Espaciales de los Cráteres Lunares"*, quienes comenzaron a atacar en forma de emboscada, recordemos que son humanos y siguen pensando como humanos, así que también pelean con estrategia humana, haciendo fallar la anatomía del contrincante, verlas pelear es gracioso, por que pelean muy bien, pero no dejan de tener el aspecto de roedores extraños. Nuestros amigos de Antiguo México estaban en serios problemas de números, ya que habían matado a dos y otra estaba perdida por el planeta, destinada a morir, una dispareja pelea de 3 contra 6, no era en lo absoluto justa, y Antiguo México así salió del deporte, antes de la primera evolución, solo había que esperar a que la musaraña perdida muriera devorada o los otros equipos le hicieran un 12 contra 1.

-        Que basura – comentaba Jorch – esperaba más de los aztecas – mientras le tomaba unos tragos a su Cerveza.

Quitamos nuestra atención de allí y pasamos a ver a los *Olímpicos de Nueva Grecia*, quienes ya habían alcanzado la etapa de *"Neandertales"*, una fase antes del *"Ser Humano"*, solo quedaban ellos y los *"Astronautas de Nasa"* en ese planeta. La cosa se estaba poniendo fea, los astronautas ya estaban a punto de encontrar fosforo, para descubrir el fuego y poder evolucionar a humanos (regla del juego), los olímpicos estaban tallando unas Peligrosas Lanzas, y al parecer no querían tregua, a lo largo que avanza la partida, el planeta te brinda conocimientos, que si tal vez no puedes usar cuando eres musaraña o neandertal (o cualquier transformación) te sirven en el futuro, como viajes espaciales, o astrofísica, muchas cosas, al matar a un equipo completo tu equipo obtiene los conocimientos que poseía el otro, y para salir de un planeta debes tener todos los conocimientos del planeta donde naces, por eso es que no puedes salir de un planeta con aliados. Los *olímpicos* comenzaron a correr en dirección de los Astronautas, quienes ya estaban prendiendo una fogata mientras los otros vigilaban los alrededores, por alguna razón en especial los *olímpicos* no han evolucionado a humanos a pesar de que ya pueden hacer fuego, los astronautas prendieron la fogata y por fin los rostros de ellos tal y como son en la vida real se les notaron. La gente comenzó a aplaudir y a volverse loca, ya que son los primeros en hacer la primera evolución a humanos, los marcianos que estaban cerca comenzaron a hacer un estruendo por algún lugar del estadio. Y justo en el momento en el que el último de ellos evolucionó, llegaron los *olímpicos* comandados por Liam y Ralph *neandertales*, quienes mataron al primero de los *astronautas*, 4 de ellos al ver la acción, tomaron sus armas y corrieron hacia los *olímpicos*, y el otro comenzó a desarrollar el primer arco con flechas, para poder hacerlo evolucionar y convertirlo en un arma de fuego. La razón por la que los *olímpicos* atacaron como neandertales es porque son más fuertes que un ser humano sin *Actualizaciones Evolutivas*, por lo tanto, pueden matarlos rápido antes de que comiencen a desarrollar cosas como armas de destrucción masiva, y efectivamente antes de que los *Astronautas* pudieran hacer algo, Liam y Ralph hicieron un lanzamiento de barra digno de un dios y mataron a dos enemigos sin apenas dejarlos parpadear, sus demás compañeros mataron a los otros dos sin problemas y corrieron hacia la cueva en donde se encontraba el último *astronauta* desarrollando armas. Liam y Ralph escalaron la montaña y los otros cuatro entraron por de frente, al ver la oscuridad y buscar al humano, algo estremeció la cueva, y esos fueron dos disparos, disparos de una pistola que dieron en un tiro perfecto en la cabeza de dos *olímpicos*, los otros dos al ver la acción inmediatamente se pusieron a cubierto mientras el *astronauta* hacía tiempo para desarrollar más tecnologías, pasaron algunos minutos, la piedra en la que se encontraba oculto uno de los *olímpicos* explotó, entonces un *súper humano* comenzó a disparar agresivas ráfagas de asedio a un simple *neandertal olímpico*, este jugador parecía ser la esperanza de los astronautas, entonces de repente la apariencia de los *neandertales* en apuros cambió por la de un *ser humano*, rápidamente ambos comenzaron a desarrollar un arma de fuego para enfrentar al peligroso *súper humano* que tenían en frente, y justo cuando estaba a punto de caer otro de los *olímpicos*, Ralph Orozco calló por encima de él y comenzó a combatir cuerpo a cuerpo, a pesar de que la fuerza no estaba a su favor para nada, pero Ralph Orozco es un experto de las artes marciales como talento innato, pero aun así el *súper humano* de Marte empezó a trapear el piso con él, aunque dio suficiente tiempo para que Liam, y sus dos subordinados comenzaran a disparar auténticas balas de plomo, de manera continua al último jugador de Nasa hasta matarlo, los conocimientos entonces que poseían los *astronautas* pasaron a ser de los *olímpicos* pero había un problema radical, Ralph estaba muriendo y ningún integrante tenía desarrollo suficiente en medicina cómo para curarlo, y este pequeño error podría costarles el campeonato. Así pues, el Capitán Ralph Orozco a quien vi ganar las *olimpiadas* muchas veces de niño y adolecente, calló después de la *Cuarta Evolución* (dentro del juego).

Liam Orozco, se quedó a cargo del equipo de los *olímpicos*. Cada quien, en su forma ya de *súper humanos* comenzaron a desarrollar 3 cosas para salir de su planeta con ventaja a los otros equipos, Liam comandaba:

-        ¡Muy bien Olímpicos! el Capitán Ralph tuvo que abandonar antes de tiempo, así que tenemos que salir de esta piedra sin él. Gregorio Investiga A.D.N. para hacer la Evolución Final, Héctor; Medicina, Yo Investigaré Tecnología Moderna.

Así pues rápidamente y en equipo construyeron en cuestión de segundos una fortaleza para protegerse del clima y cargar su investigación, las cuales logras hacer, empleando combinaciones secretas con los conocimientos básicos que encuentras en el planeta donde naces, pero no es todo, al salir del planeta iras recolectando más conocimientos y así para hacer nuevas combinaciones nunca antes vistas (muy realista el jueguito hasta ahora), pero ni de lejos suficiente para competir con el código de programación de nuestra realidad fundamental.

Así pues, los Olímpicos crearon un misil enorme que apuntaba al planeta de a lado, y Liam Orozco junto con su pelotón, comenzaron a construir una Nave Espacial para salir del planeta, misma que equiparon con armas de destrucción masiva, que es consecuencia de que son humanos y les gusta destruir cosas (además de que es fundamental en el juego), todos se montaron en una inmensa nave que puede llevarlos por todo el espacio, prendieron los propulsores y dispararon el gran misil mientras despegaban, el gran misil apenas tocó la superficie del planeta donde aún habían dos equipos, e hizo un choque estratégico que provocó una onda expansiva de tal magnitud, que terminó matando todo lo que estuviera vivo en él, eliminando así, dos equipos de un solo golpe.

Los *olímpicos* fueron los primeros en descifrar el viaje espacial, lo cual es lógico, ya que han ganado las *Nuevas Olimpiadas* lo que tengo yo de años de vida; mirar con asombro los colores que provocaba el planeta al estallar, simplemente era majestuoso, un espectáculo que ni los mejores fuegos artificiales podrían superar, el planeta arrojó unos cuantos asteroides al mapa, que de chocar con ellos podría provocar el fin de tu equipo. Liam desde el espacio ubicó los planetas con bajo rendimiento en armas nucleares, así que tomó curso y se fue al primero de ellos donde había 4 equipos intactos en plena *Segunda Guerra Mundial*, y el por qué es muy simple, eran 3 equipos aliados para poder sacar del juego a uno de los mejores del deporte, los cuales eran los *Nobles de Alta Inglaterra,* quienes ellos solos con su alta tecnología, resistieron las evoluciones y el ataque de tres equipos débiles, que decirlo suena fácil, pero hacerlo es respetable. Los *olímpicos* simplemente vieron inaceptable el desempeño de los *nobles*, que de dejarlos vivos, podría costarles el campeonato. Liam Orozco, presionó un botón de la impresionante *Nave Espacial* que maniobraba, una especie de torpedo espacial salió de la parte inferior frontal de la nave, y se fue directo contra el planeta haciéndolo explotar.

Toda la gente se quedó impresionada con la agresividad que los *olímpicos* presentaban en éste campeonato, de tal forma que a simple vista parecían tenerlo ganado, ya que al dar una vuelta por el universo haciendo explotar de manera fácil otros dos planetas, te dabas cuenta que no sólo eran muy buenos, si no que eran imparables.

La zona de planetas habitables comenzó a cerrarse, y los equipos que faltaban salían disparados al espacio, a duras penas terminaban sus guerras internas, los *olímpicos* al poseer la mejor tecnología, se colocaron ante la estrella más grande del mapa y comenzaron a construir a su alrededor una *"Esfera de Dyson[5]"*, que es una gran estructura que rodea una estrella, con un sistema de anillos rotatorios, con los cuales, podríamos aprovechar toda la energía emitida por esa estrella, para llevar a la ciencia a niveles exorbitados.

Evo-Lose-Ion es un juego medido a través de la *"Escala Kardashov[6]"*, un científico ruso que lanzó el primer proyecto documentado de la extinta Unión Soviética para buscar vida extraterrestre, y el juego consiste en evolucionar por los 3 tipos de civilización que dicta la teoría, y son las siguientes:

---

[5] Una mega estructura hipotética propuesta en 1960 por el físico Freeman Dyson en la revista Science.

[6] Es un método para medir el grado tecnológico de una civilización propuesto en 1964 por el astrofísico ruso Nikolái Kardashov.

- La tipo 1.- Puede Consumir de manera Constante la Energía de su Planeta.
- La tipo 2.- Puede Consumir de manera Constante la Energía de su Estrella.
- La tipo 3.- Puede Consumir de manera Constante la Energía de su Galaxia.

A pesar de lo anterior, como ya lo mencioné antes, los *olímpicos* tienden a hacer jugadas prácticamente suicidas, puesto que las *"Esferas de Dyson"*, tienden a ser el objetivo principal de los carroñeros, que son equipos de baja fuerza, aliados con otros de la misma categoría para superar en número a los más avanzados, robar sus conocimientos y avances y finalmente, traicionarse los unos con los otros para llegar a los últimos lugares del campeonato.

Los *olímpicos* estaban volando alrededor de la esfera con trajes espaciales mecánicos que hoy en día me dan un poco de risa, ya que después de ponerme una *membrana de Hobson*, me di cuenta que no serán ni parecidos a los que nos muestran aquí, en fin los *olímpicos* ya habían alcanzado el estado de *Evo,* y ya estaban a punto de convertirse en una civilización del tipo 2 (la más avanzada), seguidos por los *Androides* y los *Mosqueteros,* los lugares de en medio cambiaban de manera constante. Justamente observando los lugares de en medio, Jorch me gritó al oído:

- ¿Ya viste quienes van en el lugar 26?

Justamente al voltear a ver el número, mi cara con asombro no lo podía creer, los *Aztecas* seguían vivos con un jugador, que seguramente era la musaraña perdida del principio, obviamente quise intentar buscarlo, pero no lo vi, estaba seguro que se encontraba del otro lado del estadio, ya que ahí están las gradas de Antiguo México y la gente gritaba enloquecidamente.

-       Tal vez está haciendo equipo con los carroñeros – grité.
-       Pues va en el 26 – gritaba Jorch – es la mejor temporada para Antiguo México.
-       Si – afirmé

El espacio sideral simulado se convirtió en un caos, en el cual todos los equipos comenzaron a pelear por el control de la *Esfera de Dyson* que construyeron los *olímpicos*, en el que metafóricamente, de encontrarse nuestro planeta allí, se volvería polvo en un segundo.

Los *olímpicos* casi no usaban su nave espacial, ya que sus trajes mecánicos les ofrecen una mejor velocidad y destreza. Liam Orozco era un completo animal, el cual esquivaba el infierno de explosiones fríamente calculado sin ningún problema, las luces que impactaban el escenario eran de tal magnitud, que muchos tuvimos que habilitar vistas anti reflejantes, las evoluciones de los equipos cada instante eran más notorias, entonces Jorch me dijo:

-       Daniel, desde hace mucho tiempo nadie construye *"Esferas de Dyson"*, es tecnología obsoleta, si yo descubriera los viajes espaciales a corta distancia en este juego, en mi vida construiría una.
-       Al parecer – comenté – los *olímpicos* se la quieren jugar para terminar más rápido, esa estructura está obligando a todos a pelear.

El azul, el naranja y violentas tormentas eléctricas dominaban el un costado del gran estadio, mientras naves espaciales arribaban en planetas para investigar, en lo que los otros peleaban, disparaban y bombardeaban a todo lo que daba su tecnología.

Liam Orozco y los *olímpicos,* por otro lado, eran los únicos que andaban por ahí sin naves espaciales, (somos pocos los que conocemos la combinación para crear esos trajes dentro del juego), él pasó por el costado de una nave sin ser detectado, le arrancó un alerón gracias a la inmensa fuerza que le otorga el traje, más la fuerza que le otorga la *Evolución Humana Encarnada,* golpeó la nave como si se tratara de una pelota de beisbol, y lego le arrojó el alerón a otra, misma que atravesó la ventanilla, el oxígeno se escapó, y mató a todos adentro. Todos los demás estaban peleando tranquilamente sin factores del clima que interrumpieran, y claramente ni al Universo ni a los Técnicos que controlan el clima del estadio les gusta ver tanta calma, así que los factores comenzaron a irse más al centro, lo que desencadena coaliciones entre planetas, estrellas y púlsares, y todo eso fruto de que el agujero negro en el centro de la galaxia comenzó a funcionar, pero a simple vista parecía que eso no le importaba a Liam, él seguía como niño en juguetería rompiendo todo lo que se le pusiera en su camino, voló hacia una nave se puso en posición y la atravesó entrando con las plantas de sus pies, los guardias inmediatamente trataron de disparar, pero eran armas de muy baja consistencia, y no hacían el más mínimo daño al ser tan evolucionado, Liam los tomó de la cabeza, y limpiaba la nave con sus cuerpos hasta romperlos y dejar todo el lugar lleno de sangre, en el estadio se escuchó que varias personas dijeron: "¡lhúú!", sonido que al parecer inspiró más al descendiente del mejor *olímpico* de la historia, quien voló a donde estaba el piloto y lo sacó por la ventanilla para dejar sin protección en el vacío espacial, condenado a morir por la falta de oxígeno, o por los rayos gama, o por el calor, o por los rayos ultravioleta o por lo que suceda primero.

Todos le mirábamos volar de un lado a otro eliminando gente como si no hubiera un mañana, pero a veces, aunque parezca que mataste a alguien, puede suceder que un fantasma te asecha.

4.   La Venganza es Dulce.

Ver a Liam desde lejos es como observar un bello cometa de color azul con vida, lo mirábamos ir de un punto, a otro y a otro; pero en medio de todo el gran caos que había provocado él mismo, vimos que otro igual choco contra él, y ambos se fueron en dirección de un planeta lejano del epicentro de los hechos, en ese momento Sam, Irene y Cristi se levantaron y comenzaron a aplaudir como todos los Lunarences.

Al llegar al planeta Liam se fue girando hasta que su cabeza chocó con un gran árbol y lo detuvo. Había neblina, y todo se veía húmedo y grisoso. El otro tipo aterrizó de manera heroica y se quitó el casco mientras decía:

-        Orozco, si vas a destruir planetas enteros primero ten la osadía de enfrentarte conmigo antes.

El sujeto era un tipo que parecía rockero, con cabello largo negro y alborotado, pálido, ya había alcanzado el estado de "*Evo*", entonces su traje cambió por un uniforme antiguo griego de combate, su nombre es Roland Suich, Lunarence de raíces griegas.

-        Si eso quieres – dijo Liam levantándose lentamente y un poco adolorido.

Corrió un poco hacia Roland, al mismo tiempo que su traje también se convertía en uno griego de combate, empuñó su espada y dio un certero machetazo que chocó con el escudo de Roland. Los Lunarences que estaban a mis espaldas comenzaron a gritar de manera enloquecida y repitiendo en porra: "*¡Vamos Androides, Vamos!*" Y así ambos; dos de los mejores del deporte, comenzaron un duelo al estilo griego, cuerpo a cuerpo, en el cual ambos daban piruetas y manipulaban la espada de manera feroz e impresionante, dando golpes calculados y precisos y defendiéndose a un grado tan armonioso que tan solo de verlos te conmueve, movimientos exactos y perfectos, parecían estar al par. Liam se cubrió con su escudo se acercó a Roland y así en un golpe cegador arrojó la punta de su espada hacia su cuello, Roland, tomó la espada con su escudo y la empuñadora de la suya, la cual la dejó caer hacia sus pies, la tomó con la otra mano e intentó pasarla por el arco de Liam, de abajo a arriba, con intenciones de cortarlo por la mitad, Liam simplemente alzó su pierna de manera rápida hasta quedar a sus espaldas y dar un golpe certero hacia su columna vertebral, pero al tocar, el escudo de Roland detuvo la acción, colocándoselo como mochila y la lucha siguió, hasta que otro planeta coalicionó contra el de ellos y los sacó volando, ambos activaron de nuevo su modalidad espacial (las cuales ya tenían mejoras altamente notables gracias a sus equipos), entonces Roland creó una especie de sol miniatura que arrojó directamente hacia Liam, mismo que se cubrió atrayendo una gran cantidad de Líquido Inteligente que recibió el impacto a manera de escudo, y una masa equivalente a un planeta dentro del pequeño sistema, empezó a rodear a Liam como si fuera una *Esfera de Dyson* pero compuesta de Liquido Inteligente. Roland al ver a las espaldas de Liam, se dio cuenta que su equipo estaba a punto de tomar el control de la *Esfera de Dyson* de los *olímpicos*, y dijo:

-        Orozco déjame decirte que me has decepcionado, nadie es tan tonto como para poner una mega estructura y abanicársela en la cara a los ladrones, eres un tonto. Mis hombres ya casi tienen el control de ella y tendremos acceso a tecnologías nunca antes vistas en este juego –

comenzó a reírse de manera tenebrosa – el peor Orozco de la historia – agregó.

Liam lo miraba fijamente sin decir una palabra, entonces se puso los dos brazos en la cabeza, sonrió un poco y dijo:

-       ¡Sí Roland! puede que tengas razón amigo.

Y así sin más, sin avisar, la estrella en la que se encontraba en la majestuosa estructura estalló en *súper nova,* ya que los anillos de ésta devolvieron la energía que habían obtenido de la misma de golpe, y vaporizó todo lo que se encontrara en su rango, a los carroñeros, a los *Androides de Polvo Lizo* quienes eran los que estaban más cerca de ella, y a casi todos los equipos que quedaban vivos en el mapa. Roland solo veía como su equipo era evaporado por tal suceso, mientras aceleraba cada vez más y más los propulsores de sus cohetes; estaba enfadado, entonces gritó con furia:

-       Orozco hoy pierdes el Evo-Lose-Ion.
-       Claro, también noto que desde hace un momento aceleras y no te mueves de ese lugar, ¿Ya viste lo que está detrás de ti?

Roland al voltear a ver, con horror se dio cuenta de que no sólo estaba muerto, si no que de manera humillante, entonces Liam dijo:

-       Creo que todos sabemos que no hay que acercarse a los Púlsares, ¿cómo pudo haber pasado? ¡Oh Cierto! mis amigos lo pusieron atrás de ti sin que te dieras cuenta. ¡No te distraigas tanto con las explosiones!

Y así la brillante estrella de neutrinos comenzó a atraer a Roland, quien intentaba escapar de ella pero ya era demasiado tarde, y es que, la especialidad de estas estrellas es el magnetismo, y además les gusta decodificar el ADN. La estrella, pasó de desmantelar el traje de Roland, hasta llevarse el resto y dejarlo desnudo en el espacio, y finalmente arrancó todo el hierro de su sangre. Ese fue el fin de los *Androides de Polvo Lizo*, con la imagen aterradora de Roland desangrado en la parte de su espalda. Entonces Jorch me miró con una sonrisa emocionada y dijo:

- Daniel, tuve mis dudas de quien ganaría esa formidable batalla, pero sin lugar a duda planearon una estrategia para aniquilar a todo el universo.

- Brillante – comenté con una mirada de asombro.

Una calma absoluta invadió el desastre del escenario que acabábamos de presenciar, la gente comentaba cosas como: "*Las mejores Olimpiadas que jamás habían visto*". Liam aterrizó en un planeta que estaba ardiendo por toda la conmoción para descansar un poco, el planeta estaba lleno de lava ardiendo y los volcanes hacían agresivas erupciones, pero a estas alturas era calmado. Se sentó a ver el cosmos del pequeño universo, casi destruido para hacer las modificaciones que le faltaban, sus compañeros estaban algo separados y un poco lejos, el radio se encendió y Héctor gritó:

- Olímpicos terminemos con esto...

Y antes de terminar la oración una gran explosión se vio desde la perspectiva de Liam en donde se encontraba Héctor, se puso de pie, y acto seguido otra igual sucedió en dirección de donde estaba el otro jugador *olímpico*. Sólo quedaban dos jugadores de equipos diferentes, Jorch me golpeaba con su codo pero yo no quería perderme el más mínimo detalle, Liam miraba en dirección a algo que nadie sabía que había, entonces gritó y colocó la luna de su planeta en esa dirección, cosa que estalló en mil pedazos y un jugador con tecnología más avanzada que la de los *olímpicos* golpeó a Liam, y abrió un gran cráter en donde se encontraba, llevándolo al fondo. El jugador terminó pisando la cara de Liam en señal de humillación, luego lo miró a los ojos y abrió su casco, todos al observar el rostro de éste personaje se levantaron de sus asientos y comenzaron a aplaudir de manera enloquecida, y es que se trataba de nada más ni nada menos que del hermano menor de Liam: *Jonny Orozco, La Evolución Humana Encarnada*, jugando por el equipo de los "*Aztecas de Antiguo México*". Al mirarlo, sentí un poco de alegría debo admitir, ya que siempre quise ver ese equipo ganar unas *olimpiadas*, aunque un poco de asco por saber que se trataba de mi rival de toda la vida. Toda la gente miraba con atención el escenario de la misma familia que siempre gana las *olimpiadas* ahora peleando por la supremacía del deporte:

-	Hola hermano, ¿acaso no lo veías venir?
-	No – dijo Liam con una sonrisa mientras se levantaba un tanto lastimado – pero me siento feliz de tenerte aquí, ¡Bienvenido! Ahora si me disculpas, permíteme darte tu merecido.

Liam Orozco le dio un puñetazo en la cara cuyo estruendo, se sintió en todo el estadio, Jonny salió volando hasta chocar con un volcán, y la lava que contenía salió volando hasta provocar una lluvia en aquella zona del planeta, Liam salió disparado en esa dirección y comenzó a conectarle golpe tras golpe en el rostro y puntos vitales a tal magnitud que terminaron rompiendo el planeta, entonces Sam dijo:

-	Estaba decepcionado por que perdieron los *Androides*, pero miren qué paliza de alta escuela le está poniendo Liam.

Mismo que conectó una patada y lo hizo volar hasta una estrella de neutrinos en donde Jonny Orozco se quedó pegado como mosca en extintor, comenzó a dar vueltas junto con ella a tremenda velocidad.

-        Vamos Hermanito – dijo Liam – Ya muérete por favor.

Jonny Orozco se puso de pie en la estrella de neutrinos y dijo mientras daba vueltas en la superficie del púlsar:

-        Los Púlsares... no pueden matarme... ya que todos los días... camino sobre uno... y me refiero a la gran corporación que manejo... ahora... déjame darte unas clases intensivas... a cerca de Ciencias de los Puños.... ¡Docente Jonny Orozco entra al aula!... ¡Favor de guardar silencio y poner atención!

Jonny Orozco saltó un poco y empezó a jugar con el magnetismo de la estrella de neutrinos, con el cual comenzó, a dar vueltas a su alrededor y salió volando directo hacia Liam, quien se preparó haciendo un escudo de líquido inteligente el cual se dispersó debido a que 2 Púlsares estaban a los costados de él, entonces Jonny golpeó con su talón el estómago de su hermano, mismo que lo hizo aterrizar en un planeta de cara, Jonny comenzó a disparar potentes misiles los cuales acertaron precisamente en el objetivo; la cara de Liam. Dichas explosiones terminaron destruyendo el planeta, entonces Jonny se burló:

-        ¡Yomi! ¡Yomi! Sabor a misil, ¿Te gusta o le falta sal?

Liam disparó un poderoso rayo que Jonny esquivó con facilidad, pero el rayo no era para él, sino para una estrella a sus espaldas que se sobre cargó igual que la de antes y explotó en *súper nova*, Jonny sin voltear a ver lo que había detrás, utilizó un poco de Liquido Inteligente, para crear una especie de estructura en sus espaldas en forma de equis, y justo cuando la supernova chocó contra ella, absorbió toda su energía como si se tratara de una malteada bebida con un popote, y comenzó a disparar agresivas ráfagas de *rayos gama* hacia Liam, mismo que trataba de esquivar saltando de planeta en planeta constantemente, ya que donde pegaban evaporaban.

Liam de alguna manera pudo llevar su tecnología a la par de Jonny, cada vez más estaban cerca del agujero negro del final de la partida, y las hermosas nubes de luz que se tragaba el agujero comenzaban a verse, mismas que Liam comenzó a aprovechar para cargar sus baterías y lanzar los mismos rayos en contra de Jonny, tal infierno se hacía a su vez más pequeño, varios cuerpos celestes de diferentes categorías amontonados para recibir el *horizonte de sucesos*. Llegó el punto en el que ambos al mismo tiempo lanzaron toda la carga de energía tan cerca que era imposible que no se dieran el uno al otro, y justo en el momento de disparar los rayos se fueron como espaguetis hacia el hoyo negro, ambos sabían lo que significaba. Liam sin pensárselo dos veces golpeó a Jonny en la cara en dirección al agujero negro y utilizó el resto de su energía para volar más lejos, y justo en ese instante, una onda de magnetismo lo atrapó, que provenía de una estrella de neutrinos con la rotación capturada en la que Jonny estaba de pie y de la cual absorbió su energía, lo atrajo venciendo fácilmente la fuerza de sus propulsores, el *horizonte de sucesos* estaba cerca, la estrella de neutrinos ya casi era desintegrada, pero tenía todavía un pedazo en el cual caería Liam justo a la misma altura de Jonny, todos veíamos un empate, pero Jonny rompió la parte de la estrella donde estaba parado y voló hacia arriba, Liam pasó como misil a lado suyo, y el agujeró negro se lo comió espaguetizándolo.

Una gran explosión invadió la gran burbuja del estadio y apareció el clásico *"Game Over"*, pero con algo diferente al resto de olimpiadas que he visto, ya que justo debajo decía: *"Aztecas de Antiguo México Ganan"*. Toda la gente, en especial los de Antiguo México comenzaron a gritar de manera enloquecida, y me duele admitirlo, pero fueron las mejores Olimpiadas jamás antes vistas.

5.   La Realidad Supera la Ficción.

El líquido inteligente que componían los planetas y los factores de la simulación, comenzaron a sacar a los jugadores, adoloridos y agotados para darles un merecido buffete, pero Jonny Orozco se quedó en medio junto con Liam y Roland, y así el representante del evento apareció construyendo un bonito escenario, en el cual, aparecieron enormes pantallas, y se trataba de nada más ni nada menos que del doctor Filmness Berflowsky, quien llegó con el trofeo del campeonato y las medallas de oro, plata y bronce como es la costumbre. El doctor primero le puso la medalla de bronce a Roland, quien se sujetaba las costillas, estaba encorvado del cansancio y el dolor, luego la de plata a Liam quien estaba un poco peor que Roland, y finalmente la medalla de oro a Jonny quien no se veía ni cansado, le entregó el trofeo quien lo levantó y gritó:

-        ¡Viva México Cabrones!

-        Damas y caballeros – comenzó a declarar Filmness – tengo el agradable honor de dar cierre a este evento, con un gran agradecimiento a los atletas que nos acompañan en éstas olimpiadas. Ahora daré el honor de presentarles los nuevos avances sobre tecnología moderna a Jonny Orozco, ganador de las *Nuevas Olimpiadas* del año 5004, 2052 y 2983 respectivamente según el calendario del cuerpo celeste donde habiten. Joven Orozco tienes nuestra atención.

Filmness le entregó una hoja de papel, misma que Jonny leyó rápidamente en silencio, la expresión de su cara cambió, y justo cuando todos pensaban que no daría el discurso, que sin embargo ni Sam, ni

Jorch ni yo queríamos que lo diera, rompió la hoja de papel en unos cuantos pedazos, la tiró al suelo y habló:

-        Damas y caballeros, les doy las gracias por participar y acompañarnos en estas Nuevas Olimpiadas 5004, que por si fuera poco, hoy en día tengo el honor de presentarles los avances más recientes de la tecnología humana moderna, las cuales son las siguientes que verán en la pantalla. Debo decir que me enorgullece enormemente que viejos conocidos, entrados en los más íntimos amigos dentro de mi círculo social, son los protagonistas de los hoy avances tecnológicos.

1.   Mi gran amigo, quien me abrió las puertas a la compañía que ha sido mi vida en los últimos años, y quien creí que jamás volvería a tener fuerzas para explotar su gran potencial, debido a una fuerte depresión. Hoy conmovedoramente les presento a Samuel Hobson, quien nos deleita con un avance exorbitado y magnífico: ¿Están cansados de acudir al cirujano para obtener la *"Actualización de Hobson"*? pues no más, ya que nos presenta la *"Membrana de Hobson"* un exclusivo avance en lo más alto de la *Micro tecnología*. Viaje seguro y cómodo por el espacio, sin que se les caigan las uñas, y con la protección más alta para su piel y belleza.

2.   Por parte del Instituto de *Prevención Contra Desastres de la Inteligencia*, y su magnánimo Presidente Filmness Berflowsky, les presento: *Liquido Inteligente Invisible* a base de nano reflectores de perspectiva, sólo disponible para inventores de punta en instituciones modernas.

3.   Ahora la hermosísima inventora de tecnología en marte, Jenny Grace: Nos deleita con la nave espacial que podría ser la primera en crear una real y certera *Esfera de Dyson*, como la que vieron dentro de las *olimpiadas*, indetectable, a través de líquido inteligente invisible, ya antes mencionado, y poder dar un paso bestial para la humanidad, y

pasar a ser por fin una Civilización del tipo 2 dentro de la *Escala Kardashov.* ¡Muchas gracias Doctora Jenny Grace!

Y... me parece que eso es todo.
El doctor Filmness Berflowsky caminó hacia enfrente y le dijo:

-        Muchas gracias hijo.

Jonny regresó a la parte de atrás y el Dr. Filmness iba a dar un nuevo discurso.

-        Los avances de la Ciencia, son un enigma que hasta el día de hoy, no han parecido la gran cosa, ya que convivimos, siempre gran parte de nuestro día a día con ellos, nos acostumbramos y nos acogemos fácilmente entre su calor y protección, como nuestro *Campo Electromagnético Artificial* que desvía asteroides, o nuestro *Líquido Inteligente,* o nuestra *Fusión Nuclear* que es mucho más limpia y menos peligrosa que la *Fisión* que se utilizaba en la antigüedad.
Estamos llegando a un punto crítico en el que la Ciencia se nos puede rebotar. Yo les pido que a partir de hoy tengan cuidado, y sobre todo prudencia sobre el conocimiento que poseen.
Antes de dar un anuncio de alta relevancia, me gustaría que les dieran un fuerte aplauso a dos altos Científicos que nos visitan hoy, quienes han descubierto algo no sólo inhóspito, si no oscuro y aterrador, ellos son Daniel Finguerly y Jorch González, altos contribuyentes en la creación de la carrera Ciencias del Tiempo y que a su vez, por el *Descubrimiento de la Vida Extraterrestre.*

Las luces nos apuntaron a nosotros y nos pusimos de pie, toda la gente comenzó a aplaudirnos, se escuchaba el estruendo del estadio, entonces apareció el video de mi cámara y todos en ese instante se callaron. La cara que ponían las personas era asombrosa, nadie lo podía creer, entonces llegó la parte del agujero negro. Algunos nos veían con una sonrisa de héroes, otros con desaprobación, mis amigos confusos, y justo al terminar Jonny Orozco me miraba fijamente desde el escenario con desaprobación, creo que ni siquiera sabía que estábamos aquí, y al terminar, la gente comenzó a aplaudirnos nuevamente, pero de cualquier forma no podía quitarme la mirada de Jonny del cachete, debo admitir que me sentí amenazado, entonces el Dr. Filmness habló nuevamente:

-        Ahora debo darles otra noticia de gran relevancia. Los jóvenes de la *Junta de Regulación de Instituciones*, por sugerencia de uno de los miembros, han decidido destituirme de manera temporal, ya que creen que mi gestión es muy severa y estricta, por lo que tengo el Honor de presentarles al Presidente Temporal del Instituto de Prevención Contra Desastres de la Inteligencia: El Joven Jonny Orozco, quien me suplirá mientras me tomo unas merecidas vacaciones, mucha suerte.

La gente aplaudió pero por compromiso, realmente a todos se nos hizo un suicidio por parte de esa junta poner a Jonny, entonces Filmness volvió a hablar:

-        Por el momento tengo que hacer un importante viaje, el cual me queda como anillo al dedo ahora que tengo tiempo, pero antes de irme, tomaré mis últimas decisiones irrevocables, hasta mi retorno como Presidente. Nombro: a Samuel Hobson, Jorch González, Cristi Parker, Irene Howglam y especialmente a Daniel Finguerly, como mesa directiva en la toma de decisiones. No se olviden de las misiones, nos vemos en 2 meses.

Todos aplaudimos, Jonny y Berflowsky se dieron un apretón de manos y se fueron platicando, pero Jonny no me quitaba la vista de encima. No tengo miedo, al contrario, estoy ansioso por que empiece.

CAPÍTULO V

MARGENES DE ERROR

1.   Tormentas Solares.

El campo electromagnético artificial que protege a la tierra y a la luna, una vez más nos ha salvado el trasero para ver en qué momento el universo se aburre de nosotros y nos arroja algo más grande. Su función es simple, genuina y eficaz; mandar al carajo todo lo que se atraviese en nuestro camino.

Mientras disfrutábamos de nuestra tecnología, veíamos con pasión las *olimpiadas*, tomábamos tinto al mismo tiempo que según la descripción de Jorch: *"Cuando Jonny Orozco y Daniel Finguerly se hacían ojitos"*, una tormenta solar leve pegó contra la tierra que de no haberlo impedido, hubiera significado el fin de nuestra tecnología, y cuando digo el fin significa el fin, prueba vital que nos enseña que para el universo somos un hormiguero que podría borrar del mapa, cuando quiera, donde quiera y como quiera.

Pero aun así ¿Hemos evadido todos los peligros del universo?, la respuesta es no y para lograr eso no nos falta mucho sino muchísimo. La realidad es que ni siquiera nuestro trasero está a salvo de peligros internos. Ahora el reporte del clima, hoy habrá tormenta solar interna, a no ser que me apetezca pararla, ya que estoy seguro para qué Jonny Orozco vino a quitar a Berflowsky del poder, y sé también que lo primero que le propondrá a la junta directiva será volver Ciencias del Tiempo para Chiflados, una enciclopedia pública y mundial, todo para salvar a la humanidad de la singularidad tecnológica que no finalizó en 3012 sino en 5004. Tal vez el sarcasmo no se me note lo suficiente, pero tengamos escrúpulos un poco antes de atreverme a decir que la única persona más inteligente que yo es un imbécil, y para hacerlo necesitamos hacer un recuento de lo sucedido. Jonny Orozco es un adolecente de quince años de edad que presenta síntomas humanos comunes extintos por las actualizaciones evolutivas, y ese hecho es su yugular visible a mis ojos, y hay que saber por qué. A mis 23 años de edad, tengo en la cabeza todo claro y legible como el agua mejor purificada, Jonny Orozco es el único humano moderno que no tiene actualizaciones evolutivas, las mismas me brindan conceptos básicos de ética y moral estructurados de manera precisa, y una legible visión que te permite ver la realidad tal y como es, Jonny Orozco no tiene idea de donde está parado, no sabe que es la realidad por muy inteligente que sea, y no tiene la experiencia suficiente como para entender que a algunas personas no se les trata bien precisamente porque te caigan bien, si no por conveniencia. Concretamente podemos decir que Jonny Orozco sabe prácticamente lo mismo que yo, salvo pequeños detalles altamente relevantes; está a mi margen, pero tomándome la brutal ventaja de siete años y medio en conocimientos, hecho notorio que nos indica el gran potencial con el que cuenta la Evolución Humana Encarnada, sin embargo no puede controlar liquido inteligente, y no, lo que hacía en las olimpiadas eran comandos programados, y espero que tarde mucho en descubrir cómo funciona su cerebro, cosa que no hará ya que odia las actualizaciones evolutivas, y como eso, tiene mil fallas debido a su ego de adolecente, puede ser que las descubramos pronto.

Ahora mismo son la 6:00 a.m. mientras esperamos en el hospital a que Saúl González despierte para proceder a hacerle un par de preguntas, que para ser exactos, no estoy seguro si es precisamente la idea de Jorch, ya que se nota con una cara preocupada, es posible que simplemente se trate de una estrategia, y ¡vamos! A la vez puede ser que en el fondo sea un momento reconfortante para él, ya que Relé no deja de estrujar la cara de mi amigo en su pecho, en la oscuridad, bajo esa tenue luz macabra de hospital de madrugada, escucho la respiración de ambos, armoniosa y sincera, logro captar una hermosa fotografía del fondo, y entonces comenzó una respiración profunda y agitada mientras los aparejos del hospital nos alertan sobre algo, y es simple, parece ser que siguen forzando su mente desde un lejano rincón de la tierra, ¿dónde exactamente? ni idea, aunque no me sorprendería que en medio de la ubicación rastreada apareciera la Ciudad de Antiguo México, y para ser exactos, la dirección de la Mansión Orozco. Jorch comenzó a hablar con el cuerpo inconsciente de Saúl repitiendo: *"¡hermano despierta!,* el sujeto del que jamás había oído mencionar por mi mejor amigo respiró profundo y despertó bruscamente. El cuarto se llenó de un silencio incomodo, Saúl miró a su hermano por un instante relativamente largo, y dijo:

-       ¡Mierda!, creí que no te volvería a ver nunca.
-       No tiene mucho que nos vimos – comentó Jorch sosteniendo su nuca con la mano derecha y sudando – por lo menos ¿tienes idea de donde carajos estamos?
-       Me duele la cabeza – decía haciendo viscos y forzando su cerebro para saber su ubicación – lo último que recuerdo es a Filmness Berflowsky, encomendándome una misión en la cual tendría una gran sorpresa, de gran relevancia, no puedo hablar mucho de ello.
-       No es necesario – dije – se llevó a cabo sin ti.
-       ¿Ustedes saben de la misión? – preguntó – no es posible.
-       Todo el mundo lo sabe – respondió Jorch – fue un éxito.
-       No es posible – comentó sonriendo – entonces ¿ganamos? ¿ustedes desactivaron el BCJX 009?

En este momento me di cuenta de que no hablábamos de la misma cosa, y tal vez signifique algo que Filmness Berflowsky no nos mencionó, como un escrito que refiere únicamente un *súper humano* en la misión en lugar de dos, un error que pudo haber tirado abajo una misión muy importante, y sin embargo nadie se atrevió a hacer un escándalo, y tal vez signifique que este hombre sabe de algo más importante que cualquier descubrimiento científico, con lo cual es preferible perder un simple viaje en el tiempo y a dos científicos principiantes como lo somos Jorch y yo, a que se descubra lo verdaderamente interesante. Jorch y yo nos dimos cuenta de la misma cosa, y esto despertó nuestro apetito más insaciable, el del conocimiento.

-        ¡Claro! – exclamó Jorch – nosotros lo desactivamos justo después de que calleras inconsciente, y es que estabas ligado a un sistema anti singularidad, ¡Quién lo diría, te volviste loco!
-        No pueden llevarse a Jonny a Titán.
-        Eureka – grité.
-        Ustedes no entienden nada, él quería salvarnos la vida.
-        Hermano cálmate – dijo Jorch – él va a estar bien, al menos estará lejos de los paparazzi.
-        No, no, tengo que ayudarlo.

Por alguna razón extraña, Saúl comenzó a tambalearse como loco, y comenzó a romper las ataduras que lo mantenían fijo a la cama, lo cual es algo que desconcertaría a cualquiera ya que esas bandas pueden resistir la fuerza del más poderoso *súper humano* de los mundos, en éste caso Saúl, pero, es un fenómeno fácil de entender y se llama *"Fuerza Histérica"*, esta es una cualidad que todos los seres humanos poseemos, y puede multiplicar de manera brutal la fuerza de quien sea, y sucede cuando estamos expuestos a una situación no solo comprometedora, si no de vida o muerte, por esta razón Saúl se liberó y nos miró fijamente, no quedaba tiempo para explicar nuestra estrategia psicológica, así que Jorch y yo atrajimos una gran cantidad de líquido inteligente y comenzamos a intentar someterlo con él,. La *fuerza histérica* en un *súper humano* al parecer es más brutal de lo que parece, así que rompió con facilidad el líquido, corrió hacia la ventana y la atravesó en una caída libre de cincuenta pisos, para desaparecer entre los automóviles y el estruendo que hizo al caer. Jorch se llevó las manos a la frente y se sentó en la banca en donde se encontraba Relé aterrorizada, un dolor enorme me punzó todo el esqueleto y me contraje como renacuajo, terminando en el suelo arrodillado. Jorch se levantó confundido rápidamente, Relé caminó hacia mí y dijo:

-        Es la actualización de Hobson, la necesitas. Vi el vídeo y déjame decirte que la exposición a un agujero negro no es cosa de juego Finguerly, necesitas atención urgente.
-        Será otro día – levantándome – ya pensaré en algo, hoy es día importante, tengo que buscar respuestas.
-        Daniel, tal vez debes hacer caso por primera vez en tu vida – añadía Jorch.
-        Dije que pensaré en algo González.
Jorch me miró fijamente y dijo:
-        Está bien, pero debes trabajar en eso hoy mismo.
-        ¡Vámonos González! – exclamé – tenemos junta directiva con ese sujeto a las 9:00 a.m.
-        Tenemos que llamar a Berflowsky ya – propuso Jorch.

2.   La Conspiración Doble Moral.

-       Evidentemente su inteligencia calculadora e intuitiva les ha hecho descubrir algo sumamente importante – nos contaba el Dr. Filmness Berflowsky en nuestros cerebros mientras caminábamos al *IPCDI* – pero es un alivio porque al menos no cargaré con la doble moral que involucra lo que les ha contado el *súper humano.*

-       Dr. Filmness – decía Jorch – con todo respeto, si pretende que seamos una Junta Directiva necesitamos saber la información de más alta relevancia, ya que NO sabemos lo que Jonny Orozco sabe, ni cuantos espías tiene en el IPCDI, ni como manejará a la junta para proceder a sus intereses.

-       La mejor forma de aprender algo Jorch – decía Berflowsky – es ver que tanto puede repercutir en tu vida. Si yo me sentara a contarles todo mientras tomamos tinto, se lo tomarían a la ligera, no le darían a las cosas la importancia que se merecen.

-       Esto es increíble – chillaba Jorch – nos trata como a unos niños.

-       Unos niños – interrumpía Berflowsky – que están a punto de tomar decisiones de adultos, más vale que estén preparados.

-       ¡Doctor! – dije – necesito saber ¿Cuál es la misión BCJX 009?, y también ¿Qué relación tiene el plan de Jonny Orozco con esa misión?

-       Pues todo – confirmó Berflowsky – jóvenes, se están involucrando en algo que no quieren involucrarse, tal vez puedan ser buenos elementos para la misión BCJX 009, o tal vez lo único que quieren es terminar su misión e irse con su máquina del tiempo a ayudar a este mundo a ser un lugar mejor.

Efectivamente lo que quiero es terminar la misión, dejar a Jonny Orozco en ridículo y largarme, pero las palabras de Berflowsky suenan muy sospechosas, puede ser que sea algo que involucre la guerra de la que tanto hablan los medios pero nunca llega. No tengo otra opción, mi especie debe ser preservada por mucho tiempo para recordarme por milenios. Espero no arrepentirme de lo que voy a decir pero al parecer no volveré a casa por mucho más tiempo. Respiré profundo y dije:

- 		¡Cuénteme todo señor, se hará lo correcto y necesario con el poder que nos ha concedido!
- 		¡Perfecto Daniel! – exclamó Filmness – toda la información está en su buzón, ahora pueden elegir que hacer, con su respectiva parte de responsabilidad.

Filmness Berflowsky se desconectó de inmediato, y yo trataba de digerir la decisión que acababa de tomar, ya que sé que me llevará por el camino más largo y agotador que he experimentado en mi vida, y también que fue plan de Berflowsky desde el inicio hacerme tomar esta decisión en un momento de alta presión, tiempo y lugar precisos. Me necesitan a mí por alguna razón, de lo contrario Jorch hubiera aceptado sin pestañear ya que su sueño siempre fue el de ser un elemento de Fuerzas Especiales, pero no pasó el examen de atletismo, me di cuenta que no se lo pensó dos veces, me tomó de la chaqueta y dijo:

- 		¡Daniel! Esto es descabellado, ¿paz entre los mundos? Es la mentira más grande que me he tragado en toda mi vida, y si es tal y como lo dijo Filmness, el plan de Jonny Orozco tiene una doble moral, no importa cuanto lo odie, puede funcionar después de todo.

Al mirar el archivo con el sello del IPCDI como *CLASIFICADO*, me di cuenta que efectivamente enterarme es un gran *"maldita sea"*, mientras mi procesador asimilaba todo lo que aquel documento decía:

Misión BCJX 009, Atentos y muy estimados integrantes del Departamento de Prevención Contra Desastres de la Inteligencia, remito a ustedes la información obtenida en la investigación de los proyectos nucleares más avanzados llevados a cabo por la Defensa del Planeta Marte.

"Ciudad de Nasa, Marte, a 10 de julio del año 4990.

El PRESIDENTE MATIUS LIUX, señala prueba a escala del proyecto de prevención contra posibles invasiones, el potente MISIL NUCLEAR ANTIMUNDOS BCJX 009, capaz de atravesar y eliminar cualquier esperanza de vida sobre Planetas Rocosos sin importar su tamaño, prueba irrefutable que dejará clara la independencia de nuestro planeta y la superioridad en armas de destrucción masiva de alto calibre. La instalación dentro de la superficie de Poseidón; luna de Saturno, ha sido todo un éxito, ahora sólo faltan los controles para maniobrar el misil junto con las computadoras que calcularán el momento preciso de disparo, cuyo viaje debe traspasar la órbita de Júpiter y luego acelerar, golpear en el punto de estrategia y finalmente traspasar el objetivo, el denominado ha tomado el nombre de: "Bala Espacial".

El protocolo esta encriptado con un código de disparo, cuya función solo puede ser activada por quien haya tomado protesta como presidente de éste mundo, careciente de activadores físicos.

Todo aquel que comparta conocimientos de lo escrito en éste documento será castigado con la muerte, tortura de sí mismo y familiares. Se les pide a todos los integrantes del organismo de defensa que conozcan sobre este documento guarden discreción por ser su mera conveniencia.

- ¿Quién coño –pregunté – habrá obtenido ésta información?

- No lo dice – afirmó Jorch – debe ser un espía del IPCDI, pero mejor para él, así no deja rastros.

- Tal vez no sea necesario, esta cosa solo la pudo haber escrito una persona.

- ¿Y quién? – preguntó Jorch

- Pues no afirmo nada – dije – pero esta cosa tiene el sello sobre todo el documento de Jenny Grace, la única científica marciana que se lleva bien con el Dr. Filmness.

- ¿Y ya leíste el resto de documentos?

- Si – confirmé – son 2, el primero es una carta del PRESIDENTE MATIUS hacia FILMNESS BERFLOWSKY, exigiendo sea desactivada la Anti Singularidad del IPCDI en marte, además solicita le sea expedida la carrera de Ciencias del Tiempo. El segundo es una carta de Jonny Orozco hacia Berflowsky, proponiendo una solución alternativa para frenar el *"Gran Filtro"*.

El *"Gran Filtro"* o visto desde el contexto desde la *"Paradoja de Fermi[7]"* es una teoría filosófica, que enlaza la extinción con la pregunta de: ¿Por qué no hemos detectado la vida extraterrestre?, es muy simple, cada civilización al alcanzar un cierto punto de avance tecnológico será sometido a la autodestrucción y/o extinción por su propio peso, misma relación que se ha visto reflejada siempre en la realidad de los seres humanos, en este caso, más tecnología, más armas nucleares, y si, podríamos hacernos la pregunta de: ¿En verdad estamos tocando el

---

[7] La aparente contradicción que se encuentra en la afirmación de la existencia de otras civilizaciones inteligentes en el universo observable y la ausencia de la evidencia de la misma, teoría propuesta por el físico Erico Fermi en 1950.

gran filtro con la punta de los dedos? La respuesta hace un par de semanas habría sido si, conociendo el proyecto BCJX 009, pero ¿cómo observar la realidad desde otro ángulo para saber si es cierta dicha afirmación? Pues Berflowsky al parecer quiso hacer el intento, así que decidió de una vez por todas DESCUBRIR VIDA INTELIGENTE MÁS AVANZADA QUE LA DE NOSOTROS, y así demostrar que siempre hemos apuntado armas nucleares al prójimo, y deshacernos de la tecnología no es la solución, ya que existen seres que pudieron avanzar más que nosotros sin autodestruirse, como fue lo que propuso Jonny Orozco. Trendré que realizar una invasión suicida al complejo donde se encuentra el arma para desactivarla, adelantándome a lo que Berflowsky me propondrá en el futuro, y eso es que tendré que ir yo también.

Jorch y yo debatíamos acerca de la propuesta de Jonny mientras entrabamos al IPCDI, ya que dolerá admitirlo pero puede que ahora el muchacho nos caiga un poco mejor.

- Claro que no es una acción mal intencionada Daniel, pero lo hecho, hecho está.

- Sin mencionar – dije – que ahora nos odia más por descubrir la vida extraterrestre, tiene sentido la mirada romántica de la otra vez.

- De cualquier manera – dijo Jorch – aunque no lo dejemos actuar desde el IPCDI, al parecer tiene intenciones de desactivar todo, ya sea con la ley a su favor o por encima de ella, hay que descubrir qué clase de aparejo o estrategia fuera de la píldora mágica de Ciencias del Tiempo pretende utilizar, y para ello hay que colocar su mejor arma contra él, y esa es la carrera que él mismo creó: Ciencias del Tiempo.

Jorch y yo teníamos la puerta de la mesa directiva frente a nosotros, sinceramente estábamos muy nerviosos, ya que para ser franco, este muchacho se ha hecho de grandes influencias y un poder que será difícil de combatir. Las *actualizaciones evolutivas* también son un estorbo para él, pero sin ellas, ninguna persona podría quedar al mando de todos los mundos más que él, simplemente sería dejarnos indefensos con el rotundo miedo de que lo que dice el documento sea mentira, y esa es la parte que menciona que solo un hombre con actualizaciones evolutivas puede activar la *Bala Espacial,* y de ser ese el caso, todos estaremos muertos antes de averiguarlo.

Jorch y yo respiramos profundo, tratamos de relajarnos un poco y entramos a la sala de juntas. Jonny Orozco estaba sentado sobre la mesa directiva, de piernas cruzadas, dando la espalda hacia la puerta, platicando con tres de sus colegas, Jorch y yo nos introdujimos sigilosamente, al parecer no se han dado cuenta de que entramos, al hacernos la interrogante del: ¿De qué están hablando?, nos dimos cuenta de que estaban bromeando, como un círculo de amigos, ¡quién lo diría! Jonny Orozco tiene amigos, y eran 3, el *súper humano* Saúl González, una periodista principiante de nombre Elena Showtslow, y finalmente un ciborg guarda espaldas, de los más despiadados y peligrosos de los mundos, Ruful Sánchez, mismo que eliminó su sonrisa, y me miró fijamente por encima de los hombros de Jonny Orozco. La mirada penetrante de aquella intimidante persona produjo una alerta silenciosa que obligó al resto de personas dirigir su mirada hacia mí, por lo que yo conservé la postura, pasé como Juan por su casa en la sala de juntas y dije:

-       ¡Buenos días!

-       Vaya – comentó Jonny – dama y caballeros, tengo el honor de presentarles al famosísimo Daniel Finguerly, la persona que aprobará nuestra iniciativa para salvar al mundo.

-       Dr. Jonny – dije – estoy seguro de que tiene una propuesta muy interesante para nosotros, pero me temo que su iniciativa deberá ser revisada antes de aprobarla.

-        Que le parece – proponía Jorch – si a nuestro estimado presidente le apetece beber con nosotros una botella de wiski antes de tomar aburridas decisiones de este departamento, ¡claro! Asumiendo que su honorable madre lo permita.

Jonny apretó levemente los puños sobre la mesa, y antes de que se le ocurriera objetar algo al respecto, dejé caer mi trasero justo en la silla que estaba a lado de él, evidentemente se sintió incómodo, sin embargo no lo suficiente, por lo que decidí violar aún más su espacio personal abrazándolo como si se tratara de un viejo amigo:

-        Jonny viejo amigo, no sabes el gusto que me da verte, ¿Desde cuándo no charlamos? ¿Desde los Premios Novel Juveniles? ¡Qué tiempos aquellos!

Él evidentemente se puso rojo como tomate, tal vez por la ira, tal vez por la vergüenza, o tal vez porque Irene y Sam entraron a la sala de juntas y nos vieron abrasados.

-        ¿Qué sucede – preguntó Sam confundido – aquí?
-        Solo recordamos – dijo Jorch abriendo los ojos como platos e invitando a Sam a sentarse con la mirada.

Sam inmediatamente comprendió nuestro juego, pero Jonny Orozco también ¡es lo malo! Así que se molestó, se puso de pie, y exclamó:

-        Dr. Finguerly, me alaga todo el teatro improvisado que se ha montado. Y ¡No! Dr. González mi madre no me permite beber, el jugo de uva es lo mejor que se le puede dar a un muchacho en crecimiento como lo soy yo, por otra parte Dr. Finguerly me gustaría hablar con usted en privado.
-        Y ¿Con qué motivo, se puede saber? – pregunté.

- 	Al ser usted titular de la Junta Directiva – dijo Jonny – qué por obvias razones lo debería ser el Presidente, no se me ha asignado ese poder y creo saber por qué. Viendo las cosas más claras, al parecer aquí hay dos Presidentes, cosa que me provoca un poco de asco.

- 	Pues bien – dije – debo decirle que lo haré, pero si usted acepta beber un poco de vino conmigo.

- 	Por su puesto – comentó Jonny – mi amable asistente Elena tiene el buen gusto de tirárselo en la ropa, así que ya he tenido el gusto de probarlo.

Jonny Orozco me invitó a pasar a la oficina de *Presidencia*, cerró la puerta con seguro, mientras yo servía un poco de vino tinto. A pesar de que siempre se muestra explosivo y grosero en televisión, tiene un excelente autocontrol, lo que me lleva a considerar no enviarlo a la cárcel, todo depende de lo que me diga, tal vez puede ser que intente convencerme de llevar a cabo su plan de manera pacífica.

Es bueno soñar de vez en cuando. Mientras yo tenía mi lluvia de pensamientos, voltee para darle su copa de vino, se lanzó contra mí, rompiendo el escritorio y la ventana, hasta finalmente mantenerme únicamente de la corbata, antes de una caída libre desde la sima del edificio más alto de Polvo Lizo. Yo me estaba asfixiando, y él me veía fijamente y bueno, creo que hemos dicho miles de veces porque lo odio yo a él, pero ¿él por qué me odia a mí? Pues me temo que gracias a la ira que experimenté debido a que un niño de 5 años me robó el *Premio Novel* cuando tenía 13, tuve el ataque mejor documentado sobre *Fuerza Histérica* e inicié una pelea contra un niño 5 veces más fuerte que yo, aunque claro, él no sabía controlar liquido inteligente, el resultado fue que le pateé el trasero frente a billones de personas, aunque no nos engañemos, estuvo a punto de matarme, cosa que está a punto de suceder nuevamente, mientras escuchaba el sonido de mi respiración con dificultad, y yo miraba el brazo con el que me sostenía del cuello. Intenté decirle un par de cosas, él no me entendía, pero logré que me llevara otra vez al suelo, respiré un poco, miré su brazo y le pregunté:

-	¿Qué si esto es una membrana de Hobson?
-	¡Si! – dijo - ¿y qué?
-	Que somos igual de fuertes – dije un poco agitado.

Le di una patada con mis dos talones juntos, misma que lo sacó volando hasta el otro extremo de la oficina de Berflowsky, y a mí me impulsó hacia el vacío, me dejé caer un piso, hasta que me tomé de un tubo color blanco, que con el impulso que llevaba, di vueltas a través de él con las palmas de mis manos, luego me solté y atravesé la ventana de mi oficina, en donde rápidamente tomé dos objetos, uno de ellos es un parche cibernético que hackea la membrana de Hobson y la desactiva para dejarme salir, y el segundo objeto es el invento que salvará mi cuerpo de los efectos secundarios a la exposición de la gravedad diferente a mi entorno de origen, pero aún no está terminado, corrí hacia la sala de juntas y Ruful Sánchez tenía a Sam, Irene y Jorch enroscados en uno de sus brazos, tomando la forma de una serpiente asfixiando a su presa, yo caminaba hacia él, me di cuenta de que la periodista estaba en algún rincón de la habitación llenando mi cuerpo de líquido inteligente, pero yo siempre cargo un poco para ocasiones de emergencia. Entonces Ruful me dijo:

-	¿Dónde está Jonny?
-	Está allá arriba jugando con el líquido inteligente invisible del Doctor Berflowsky. Ahora ¿Qué te parece si sueltas a mis amigos?
-	No puedo hacerlo – dijo Ruful.
-	¡Ah! ¿No puedes hacerlo? – exclamé – permíteme echarte una mano con ese brazo que no se deja controlar por ti.

Un anillo de micro robots que había colocado, explotaron agresivamente hasta cortarle el brazo, Ruful gritó y mis amigos cayeron al suelo uno encima del otro, él se arrodilló y me miró fijamente, yo ya estaba en la ventana con mis amigos asustados, y era cosa de asustarse, ya que sabían que yo planeaba saltar por la ventana. Miré al peligroso ciborg y le dije:

-        No debes sentir tristeza por él, al fin y al cabo es puro plástico, me refiero a tu brazo, por cierto, chica extraña, te devuelvo tu líquido inteligente pasado de moda.

Todo el líquido inteligente que Elena había puesto sobre mi cuello para ahorcarme salió disparado desde mi cuerpo hacia ella, misma que empezó a gritar como loca cuando sus propios nano robots se pusieron en su contra, me coloqué el parche en el brazo y la membrana de Hobson salió de mi cuerpo tomando un aspecto de piel de serpiente recién mudada, cosa que molestó un poco a Sam, quien dijo:

-        ¡Oye!

Tomé a mis amigos y brinqué al vacío, y es que sin la membrana controlando mi fuerza, la baja gravedad de la luna me hace más fuerte que cualquier humano, aterricé con éxito en uno de los puentes que conectan al IPCDI con otros edificios y los tacones de las suela de mis zapatos elegantes se rompieron, obviamente me dolió y mucho. Mis amigos estaban pegados a mí cuerpo como gatos asustados, cuando abrieron los ojos les expliqué con la mente lo que sucedió allá arriba, y justo en ese momento, llegó Cristi corriendo hacia nosotros, Jorch fue el primero en verla y le dijo:

-      ¡Llegas tarde! ¿Sabías que acabamos de tener la Junta Directiva más pesada de la historia?

-      Si, veo que fue ruda – comentó Cristina.

-      La fuerza de un *súper humano* – comenté – hubiera sido útil.

-      Creo que va a ser necesaria ahora – dijo Irene.

Al mirar hacia su perspectiva veíamos a Saúl González caminando con una pistola en la mano, Jorch lo miró y le preguntó:

-      Hermano ¿qué carajos haces?

-      Lo mismo te pregunto a ti – dijo Saúl – ahora entiendo, la Inteligencia Artificial Suprema te controla a ti también.

-      Este tipo está loco – comenté.

-      Inteligencia Artificial Tomás – dijo Saúl mirándome – hasta nunca.

Y sin pensarlo Saúl González disparó hacia mí una bala errante, que son conocidas por atravesar prácticamente lo que sea. Solo una cosa me puede salvar, y eso es una partícula de líquido inteligente que fue disparada junto con la bala, por lo que ralenticé mi memoria fotográfica, lo cual me permite ver todo en cámara lenta, es como detener el tiempo en la vida real, con la diferencia de que mi cuerpo se detiene junto con el tiempo, rápidamente tomé el control de la pequeña partícula y desarmé la bala antes de llegar a mi frente, todos al mirar que la bala se volvió polvo en el aire a tremenda velocidad los hizo creer por un momento que Saúl decía la verdad. Jorch me miró raro, pero antes de que disparara de nuevo Cristi se rodeó el cuerpo de líquido inteligente de blindaje, haciéndola tomar el aspecto de un humano de metal, con un bello y brillante color cromo y recibió con el cuerpo el siguiente disparo de Saúl González, acto seguido ambos *súper humanos* comenzaron a pelear mano a mano, mientras mis amigos y yo escapábamos por el puente.

Cristina y Saúl, los dos *súper humanos* más poderosos de los mundos, estaban teniendo una pelea legendaria, ya que un golpe dado era un objeto de alto valor destruido, el simple forcejeo de ambos rompió el piso donde estaban parados, y cayeron del gran puente en lo que peleaban mientras caían, sin importar la altura o la falta de suelo en el combate. Ambos al llegar hasta abajo con la tremenda fuerza que poseen, rompieron la entrada principal del IPCDI con el cuerpo del otro, como si fuera una danza extraña y las paredes fueran de papel. Mis amigos y yo tomamos el Elevador hasta llegar al primer piso, en el camino logré que todo el líquido inteligente del edificio me obedeciera y se reuniera en la calle de la planta baja, y justo al abrir el elevador, utilicé toda esa cantidad de líquido inteligente para inmovilizar a Saúl y así dar tiempo a Cristi para que lo noqueara. Todos salimos corriendo del elevador, y justo detrás de Cristi comenzaron a llegar elementos de la policía disparando hacia nosotros, mismos disparos que Cristi recibió, llegó con nosotros gritando:

-        Chicos, Jonny nos boletinó, si salimos a la calle estaremos fritos.

Acto seguido Cristi nos tacleó regresándonos al elevador, dolió mucho debo admitir, la puerta se cerró, Cristi habilitó los pisos secretos del bunker de Polvo Lizo y comenzamos a bajar, entonces Irene dijo:

-        Tenemos que llegar a la Máquina del Tiempo, con ella podremos escapar a dónde queramos.
-        Debemos ir con el Dr. Filmness – propuse – él sabrá que hacer.
-        Llámalo – dijo Jorch – debemos saber dónde está.

Al intentar llamar al Dr. Filmness Berflowsky me apareció un mensaje que decía: *"señal bloqueada debido a actos criminales"*, pero eso no me detuvo, burlé la seguridad y logré hacer que mi llamada saliera, pero para mi sorpresa apareció otro mensaje que decía: *"Usuario Fuera del Sistema Solar"*. Y así me di cuenta que tendremos que solucionar todo sin él. *"Jonny Orozco, te patearé el trasero"*.

La máquina del tiempo se encuentra en el nivel -3, alguien rompió el cable del elevador, mismo que se calló de filo hasta el nivel -6, el elevador aterrizó bruscamente, Cristina recibió el golpe por nosotros. ¿En qué maldito problema me acabo de meter?

3.   Rencores Humanos Justificados.

A estas alturas, me encuentro sumergido en los niveles más recónditos y oscuros de un odio que empezó siendo personal, y que ahora ha pasado a afectar radicalmente la vida del resto de personas, y estas situaciones proponen dos finales alternativos, el primero nos presentaría a todos y cada uno de los seres humanos estudiando Ciencias del Tiempo y volviendo al pasado literalmente, para ser específicos, devolvería a las civilizaciones a la edad de piedra, y visible a mis ojos, solo puedo esperar que el que yo quiero se cumpla, ese es en el que *"no muero",* atrapo a Jonny Orozco hablando de su siniestro plan en algún punto de su pasado, y no, la carta que dirigió a Berflowsky no sirve porqué menciona la misión BCJX 009 y es clasificado, enviarlo a la cárcel y luego intentar desactivar el arma nuclear más poderosa jamás inventada, pero antes de comenzar a imaginar cómo carajo voy a hacer todo eso, mi mente es invadida por otra interrogante, ¿dónde coño me encuentro? El elevador no se abre, y Cristina decide volarlo con su fuerza de Súper Humano, al abrir las puertas, podemos notar un piso en ruinas, algo parecido a un estacionamiento macabro en donde no podemos ver más allá de nuestras narices, no tengo idea de a donde vine a parar pero estoy seguro que no debemos estar aquí.

Irene Howglam parece ser la única persona que conoce acerca de los secretos que contiene éste nivel de la ciudad, así que decidí preguntarle, pero para mi maldita desgracia está paralizada viendo al infinito y más allá, y no es cosa de burla, a todos nos pasa siempre.

-      Irene – decía Jorch – Irene reacciona ¡con una mierda!

-        No debemos estar aquí – anunciaba Irene – corremos un gran peligro.

-        Este piso no es el problema – añadió Cristina – lo más peligroso que podemos encontrar son guardias *súper humanos*, el problema radica en lo que habita el piso de arriba, el elevador no sirve, así que no podemos brincarlo, tendremos que pasar por ahí por las escaleras.

-        ¿De verdad? – preguntó Jorch – ¿sólo hay un puto elevador en éste bunker?, la arquitectura lunar es basura.

-        Este nivel – dijo Irene – sigue estando en obra negra por el gran tamaño que tendrá, el acceso a los humanos solo está permitido a través del elevador del IPCDI, al llegar al nivel -5 podremos encontrar otra ruta, pero estamos hablando que son los niveles que esconden los secretos más oscuros de la humanidad moderna, sin contar lo que sea que esconden los marcianos.

-        ¿Y qué secretos esconde el nivel de arriba? – dije.

-        Experimentos de mutación genética o también podemos llamarles: Aberraciones creadas por el hombre. – dijo Irene.

-        Pero puede ser – comentó Jorch – que no corramos peligro, ya que estarán encerrados en unos tubos, flotando en un líquido extraño, ¿verdad?

-        La respuesta es no, Dr. González – dijo Irene – eso sólo pasa en las películas de Ciencia Ficción, están libres por el complejo y son extremadamente peligrosos.

Todos miramos a todos con horror, Jorch hizo una risa angustiante mientras decía:

-        ¡Bien! Pues a la carga.

Los pasillos del piso -6 del bunker interno bajo la Ciudad de Polvo Lizo, son un complejo de pasillos de color gris, con el concreto sólido visible a la tenue luz fosforescente con la que brilla Cristina, quien nos guio junto a Irene en dirección a lo que parece ser una vieja estación de trenes, en la cual pudimos observar una especie de metro abandonado, mismo que al parecer no está en funcionamiento, el lugar es oscuro, solitario y aterrador, Cristina nos hizo caminar por enfrente del metro, bajó hacia las vías que conducen al tren, y dijo:

-       Hay que ir en esa dirección.
-       ¿No sería mejor hacer funcionar ésta cosa? – dijo Jorch.
-       De hacerlo, estaremos regalando nuestra ubicación – afirmó Irene – y lo que tratamos de hacer es que pierdan nuestro rastro.
-       Claro González – dijo Sam bromeando – Puf, ¿Qué no tienes imaginación?
-       Jajaja Muy gracioso Sam – dijo Jorch.
-       ¿Y si esta cosa arranca puede atropellarnos? – pregunté.

Las luces del tren se encendieron y los altavoces se activaron, acto seguido comenzamos a escuchar la voz de Jonny Orozco.

-       Efectivamente Finguerly, ¿Qué les parece si comienzan a correr? Muajajaja.
-       ¡Corran! – gritó Irene.

El metro comenzó a avanzar, primero a una velocidad lenta dándonos tiempo de tomar ventaja, pero poco a poco comenzó a acelerar, a lo lejos se veía la luz de la siguiente estación y yo solo podía pensar en si lograríamos llegar.

-       La siguiente estación – dijo Irene – estamos cerca.
-       ¿Es normal que haya luz en esa dirección? – preguntó Jorch.
-       ¡Por supuesto que no! – exclamó Cristi – es una trampa.

-        Emboscada o atropellamiento – dijo Jorch – ni Damián Hoffman hace preguntas tan difíciles.

-        Cristi – dije – ¿tienes un rayo láser?

-        Si – respondió – ¿por qué?

-        ¡Dispárame! – dije.

-        No hay tiempo para suicidios Daniel – dijo Jorch.

-        Si queremos salir de esto debes hacerlo ahora.

Cristi sin cuestionar absolutamente nada, me disparó con su *rayo láser*, y el líquido inteligente que siempre viaja conmigo inmediatamente formó un escudo para protegerme. El rayo láser como arma solo permitida para un elemento de seguridad del IPCDI comenzó a quemar mi líquido inteligente hasta prenderle fuego, con una llamarada enorme.

-        Daniel, las armas se apuntan al enemigo – afirmaba Jorch.

-        Cállate González – dije – y observa.

Y así como lo dije el humo que desprendía mi liquido inteligente recién quemado comenzó a inundar todo el túnel, acto seguido el tren que nos perseguía comenzó a explotar y al final del túnel se escuchaban los lamentos de los guardias, mis amigos inmediatamente se taparon la nariz.

-        Finguerly más te vale que no me envenenes con tu gas tóxico.

-        No es gas tóxico, es un invento que siempre había querido probar, pero no tenía un rayo láser.

-        Y entonces ¿qué es? – preguntó Irene.

-        *Gas Inteligente* – respondí.

-        ¿Y tú dichoso gas puede parar ese tren? – preguntó Sam.

-        Claro que no – dije – es gaseoso, sólo puede hacer explotar cosas y noquear por asfixia, tal vez matar.

-      Vaya que alivio – dijo Sam.

Mis amigos y yo llegamos corriendo a duras penas a la siguiente estación, así que nos arrojamos como porteros lejos del alcance del tren sobre la banqueta, mismo que pasó casi rosando los pies de Jorch, y siguió su camino hasta que algo lo detenga, sólo espero que ese algo no sea una persona, los guardias estaban noqueados en el suelo. Mi gas inteligente no solo sirve para destruir y noquear, sino también para rastrear, así que lo hice seguir el camino hasta las escaleras, dejando fuera de combate a todo guardia que se cruzase en mi camino, al llegar a la puerta del siguiente nivel, mis nano robots se apagaron y cayeron al piso a lo que Jorch bromeó:

-      Lo que fácil llega fácil se va.

-      ¿Fácil? – dije – me tardé como tres años haciéndolo.

-      Ah – dijo Jorch – lo siento amigo.

-      Parece ser – dijo Sam – que el Aquiles de la *anti singularidad* acaba de rodear este nivel con un campo *anti singularidad.*

-      Si – dijo Cristina – que bueno que fue el gas de Daniel el primero en tocar esa puerta.

-      Lo mejor será apagar nuestra actualización evolutiva hasta que salgamos de ahí – propuso Jorch – todos debemos guardar la misión en nuestro cerebro biológico para recordar que hacemos aquí, también guarden en él su comando de encendido.

-      ¿Estás loco? – dijo Cristi – ¿sabes lo que hay ahí dentro? ¡sería un maldito suicidio!

-      Pues si alguien – dijo Jorch – tiene una mejor idea que hable ahora o calle para siempre.

-      Daniel – dijo Irene esperando a que yo ofreciera un mejor plan.

- ¿Quién es Daniel? – pregunté.

- Esto es increíble – dijo Cristi – no tiene idea de quién es, bien hecho Jorch.

- Mira – dijo Jorch – no tengo idea de cuál es el tema de esta conversación, yo solo sé que debemos entrar ahí y salir rápido, ¡vamos sujeto que no tiene idea de quien es!

- Te sigo – dije – tipo irresponsable con muy malas ideas, ¿a ti se te ocurrió eso de apagar a la máquina?

- ¡Supongo! – respondió.

- ¿Puedes creerlo? – preguntó Cristi – ni siquiera tienen guardados los recuerdos de su mejor amigo en su cerebro biológico.

- ¡Bueno! – exclamó Irene – el lema de un científico es nunca guardar las cosas más importantes en tu cerebro biológico, ya que tiende a borrar cosas importantes de vez en cuando sin pedir permiso, en mi caso, acabo de pasar todos mis conocimientos sobre las criaturas que están ahí dentro, espero no olvidarlas. Ahora recordemos que son hombres y siempre hacen lo primero que se les ocurre, hay que ir con ellos.

Cristina hizo muecas mientras veía a Irene y Sam introducirse al piso -5, pero finalmente cedió, desactivo su actualización evolutiva y entró.

El piso número -5 es un oasis, que toma el aspecto de un bosque tropical, con un sol artificial ubicado en el punto más alto, Irene analizaba el lugar como si fuera la primera vez que lo ve, al mismo tiempo que buscaba la salida, entonces dijo a Cristi y Sam:

- ¿Dónde están nuestros compañeros?

- Al parecer – comentó Sam – están observando a esa tierna criatura esponjosa que está cerca del arroyo.

Irene abrió los ojos y corrió para ponerse a cubierto en un arbusto, para ver que criatura estábamos observando Jorch y yo, y se dio cuenta de que se trataba de una criatura denominada como *Splash,* una especie de bolita juguetona sin dedos, con brazos cortos y muy parecido a una especie de gato de color azul, Irene inmediatamente se dio cuenta de que Jorch y yo estábamos en peligro, ya que esa tierna criaturita tiene 3 habilidades muy peligrosas, la más peligrosa de ellas en cierto modo es una conocida como *polimerización*, cuyo efecto es fusionar sus células con las de cualquier organismo vivo conocido por el hombre, mismo que puede ser una planta o en nuestro caso un mamífero, la segunda habilidad, es por la que adapta su nombre: *Splash*, ya que es capaz de cambiar su composición química a su antojo, para así poder transformarse de un sólido a un líquido, sin importar que haya utilizado antes su *polimerización*, una descripción breve de lo peligrosa que puede llegar a ser esta criatura es que si se fusiona con un árbol puede transformarlo en líquido y después des-fusionarse, y dejar por ahí un licuado de árbol, y la tercera es que tiene una habilidad copiada de una criatura ya creada por la naturaleza, y esa es la mordida del "*Perezoso de Loris*", cuya saliva es muy venenosa, y una mordida puede provocar a su víctima un "*Choque Anafiláctico*", y los efectos son la asfixia, falta de oxígeno, pérdida del conocimiento y finalmente la muerte, claramente eso duele muchísimo. Irene miró que Jorch y yo estábamos a punto de tocar a la tierna criatura cuando de repente una piedra golpeó mi cabeza, volteé rápidamente y vi a Irene a lo lejos diciéndonos en voz susurrante.

-       Aléjense de ahí ¡Idiotas!

Irene al mirar los hombros de Jorch, logró ver que la criatura estaba encima de uno de ellos, ella hizo un pequeño chillido de terror, y Jorch dijo:

-       ¿Crees que me den una licencia para tenerlo en mi departamento?

-       Por supuesto que no – gritó Irene desde el arbusto – estas criaturas deben permanecer aquí y morir aquí, su multiplicación significaría una plaga que podría acabar con el resto de especies, y especialmente si se trata de la criatura que tienes en los hombros, déjalo en el piso y aléjate.

La pequeña criatura tomó el aspecto de una masa chiclosa y extraña y se adhirió al cuello de Jorch, su piel adaptó un color azulado, Sam, Irene y Cristi gritaron de manera exagerada y tenebrosa, y finalmente para terminar de joder más la situación una criatura a lo lejos logró captar el alboroto que estábamos haciendo; éste es el experimento Ferbuson, o también conocido como el Demonio de la Peste Negra, la prueba viviente que nos enseña que *"Cuando Juegas a ser Dios, puedes terminar convirtiéndote en el Diablo"*, el Demonio de la Peste Negra, es un organismo puesto en cuarentena después de acabar con la vida de 100 personas en el año 3512 en la tierra, creado por el Científico Kumar Ferbuson, quién después de presenciar el suicidio de su esposa debido a la fuerte depresión que le dio, al ser despojada de una criatura creada genéticamente por ella, no por ser realmente peligrosa si no por ser extremadamente perturbadora, Gretchen esposa de Ferbuson, creó una criatura sin órganos, un esqueleto humanoide de tres metros de largo, que no sólo se movía, sino que además estaba vivo. Los Ferbuson paseaban a la criatura más aterradora jamás vista por los parques de Ámsterdam, bautizada con el nombre de Abigail y siendo presumida por la pareja como su hija, hasta que finalmente sucedió lo acontecido. Este espécimen fue creado utilizando el código ADN del virus de la peste negra *(existe gente muy loca)*, en resumen 100 personas de Ámsterdam incluyendo a Kumar, murieron debido a la peste negra, hasta que las autoridades tomaron cartas sobre el asunto.

Splash y el Demonio de la Peste Negra son solo dos tipos de criaturas de tal vez miles de aberraciones que se encuentran aquí, Abigail miró hacia nosotros ya que es claro que los seres humanos no son bienvenidos por aquí. Se puede suponer que su silueta a lo lejos se vería muy... es horrible. Soltó un estuendoroso chillido que podría reventar los tímpanos de cualquiera y comenzó a correr hacia nosotros. Irene comenzó a hacer planes, para contrarrestar la peste negra, para quitar el *Splash* del cuerpo de González e incluso un plan para hacer un avión improvisado con hojas del bosque en 5 minutos y salir volando, pero al parecer Jorch tiene un mejor plan:

-    Muy bien Michi, ataque de tele-transportación.
-    Que nombre tan poco original para un ataque – comenté.
-    Cállate – dijo Jorch – fue lo primero que se me ocurrió.

El *Splash*, saltó del cuerpo de Jorch hacia un árbol, se fusionó con él, lo volvió líquido, se lo llevó en dirección del *Demonio de la Peste Negra*, lo regresó a su estado sólido y se des-fusionó, golpeando al Demonio y dejándolo inconsciente. Antes de que a Sam se le ocurriera cualquier pregunta, Jorch comentó:

-    Ustedes ¿sabían que el Splash es un animal doméstico?
-    No lo sabíamos – dijo Irene asombrada.

El Splash regresó al hombro de Jorch, así que me acerqué e intenté acariciarlo diciendo:

-    Hola Michi.

Mismo que me gruñó y se puso en posición de ataque antes de que me acercara.

-    ¡Hay! – exclamé antes de que me mordiera - ¡Creo que sigo sin agradarle! – susurré a Jorch.
-    ¡Si amigo, ya me di cuenta! – decía Jorch burlándose.

-         ¿Nos pueden explicar que sucede? – preguntaba Sam – ¿se llevan bien con un mutante?

-         ¿Qué si nos llevamos bien? – pregunté retóricamente – ¿que no viste que acaba de intentar morderme? Me temo que no podemos ser amigos.

-         La pregunta fue – corrigió Cristi – que ¿Cuál es la relación que tienen ustedes con esa cosa?

-         Pues era el gato de Daniel – dijo Jorch – se lo regalé en uno de sus cumpleaños pero al parecer al gato nunca le agradó, lo rasguñaba cada que tenía la oportunidad, así que lo dimos en adopción a un zoólogo llamado *Makush Iluska*, estaba muy jodido de la cabeza, pero era gentil con los animales, o eso pensábamos. *Makush* hizo varios experimentos con él hasta convertirlo en bueno, esta cosa que vemos ahora. La policía se dio cuenta del experimento y acudieron para llevarse a *Makush* a la cárcel, pero Daniel y yo no queríamos que se llevaran a Michi, ya que no sabíamos que le harían, al final no pudimos detenerlos y se lo llevaron a quien sabe dónde, bueno ahora ya sabemos. Nos dolió mucho pensar en lo que le había sucedido, y nos sentíamos muy culpables, así que guardamos el recuerdo en nuestro cerebro biológico, esperando olvidarlo algún día, pero al parecer el destino nos puso de nuevo en su camino.

-         Si – comenté – lo recuerdo como si hubiera sido ayer.

-         Por cierto – agregó Jorch – ¿en qué año estamos?

-         5004 – respondió Sam.

Todos decidimos esperar en la jungla a que se hiciera de noche para poder irnos de este lugar, prendimos una fogata y yo me puse a terminar mi dispositivo del IPCDI, el cuerpo me duele mucho.

-         A mí me da vueltas por la cabeza una cosa – dijo Cristi – y es aquello que Saúl González nos dijo cuando intentó matarte.

-        No digas ese nombre – dijo Jorch.

-        ¿Creen – prosiguió Cristi – que sea algo que le haya platicado Jonny Orozco para deshacerse de Daniel?

-        No digas ese nombre – dije.

-        Creo que entendí su juego – afirmó Sam – estos muchachos guardan en su cerebro biológico todos los recuerdos que quieren olvidar.

-        Saúl dijo "Tomás hasta nunca", mirando a Daniel – dijo Cristi.

-        ¡Ah, sí! – dije – el inepto piensa que la singularidad no se ha terminado.

-        Entonces ya sabemos por qué quiere matarte – dijo Irene – Jonny Orozco piensa que la esencia de Tomás vive en Daniel, y cree que si lo mata el resto será desactivado.

-        ¡Eso es estúpido! – exclamó Cristi – todos sabemos que Tomás murió al fusionar su conciencia con otra diferente.

-        Pero – añadió Sam - ¿Cómo puede saberlo si nunca ha navegado por internet?

-        Aunque me sorprende – seguía Cristi – tu gran habilidad para controlar tecnología que no es tuya.

-        Lo puedo hacer desde niño – dije – tal vez Jonny Orozco si tiene algo de razón, y tiene en particular hacia mí un odio más allá del odio, y es que fui el último ser humano en ser operado con una genuina actualización de Tomás, las nuevas son replicas, pero funcionan muy mal, todo es culpa de la obsolescencia.

-        Y ¿qué es la obsolescencia? – preguntó Irene.

4.   Obsolescencia Tecnológica.

-        ¿Ustedes sabían? – contaba a mis amigos – que la primera bombilla de luz incandescente creada por el hombre se mantuvo encendida por siglos, y así tras décadas y décadas los focos comenzaron a ser cada vez menos eficaces que aquella primera bombilla, todo con el afán de ahorrar costos en los materiales, y como estrategia de mercado para promover el consumismo.

Tiempo después, comenzamos a hacer lo mismo con casi todo; las computadoras, las baterías, los leads, las pantallas, microprocesadores, etc. Aquello combinado con el alto coste en reparaciones, refacciones y herramientas, concluyendo en un círculo vicioso en el cual se obligaba al usuario a adquirir los mismos artículos nuevos en lugar de repararlos, y así vender más, obtener mejores resultados en ganancias, así como crecimiento industrial.

Misma estrategia hoy en día es implementada con las *actualizaciones evolutivas*, con el propósito de frenar la capacidad de conocimiento de las personas, ya que a cada instante la gente sabe más cosas, y controlarlos es más difícil.

Todos se quedaron callados un momento, por lo menos logramos que perdieran el miedo hacia Michi. El bosque artificial, nos daba una sensación agradable, y yo no podía dejar de pensar en mis padres, que pensarían de mí de verme en esta situación, ¿estarían orgullosos? O ¿se sentirían decepcionados? Mientras pensaba todo eso finalmente estaba a punto de terminar mi dispositivo, luego dieron las 11:11 p.m. no es que crea en esas cosas, pero pedí un deseo, aunque sé que es imposible de cumplir, y antes de que se me saliera una lagrima me puse de pie y dije:

-        Tenemos que irnos, ya es tiempo de escapar de aquí.

-        ¡Ah! – dijo Jorch – olvidamos avisarles, ya pueden activar su actualización evolutiva.

-        ¿Ustedes hace cuanto – preguntó Irene – la encendieron?

-        3 horas quizá – afirmó Jorch – Daniel desactivó la anti singularidad hace ya ese tiempo.

-        Son unos tontos – dijo Cristi.

Caminamos hacia el elevador que se encontraba casi a un kilómetro, seleccionamos el piso -3 y comenzamos a subir, pero cuando el aparato nos reconoció, sonaron las alarmas, otra vez, todos saben dónde nos encontramos.

Jonny Orozco se encontraba durmiendo con un antifaz, en la silla de la oficina casi destruida de Berflowsky, al escuchar las alarmas se despertó un poco sorprendido y se quitó el antifaz de un ojo, encendió su tableta y miró exactamente donde nos encontrábamos. Elena inmediatamente llegó corriendo y le dijo:

-        Jonny por fin aparecieron, están en...

-        Si, si, si – interrumpió Jonny levantando su brazo en señal de silencio – creo que ya los encontré yo también.

Entonces se puso de pie rápidamente, hizo su mirada de psicópata esquizofrénico hacia a Elena, poniendo una cara de deseo.

-        ¿Alguna vez – preguntó Jonny – jugaste Age of Empires? Es un videojuego muy viejito.

Elena hizo viscos un poco, y dijo:

-        ¡No! Pero acabo de ver que es, parece un juego divertido, primitivo pero cool.

-        Tiene una modalidad – decía Jonny – en donde los soldados son tan estúpidos que obedecen todo lo que les ordenas, sin cuestionar nada, este guardia por ejemplo – le mostraba Jonny a Elena en su tableta – lo seleccionas y cliqueas a dónde quieres que vaya. Está parado aquí en la puerta y lo mandas al final del pasillo, y luego lo haces volver. Jajajaja que tonto ¿verdad?

-        Em… si Jonny – decía Elena – pero Finguerly, que ordenes darás a tus guardias tontos para que lo atrapen, al parecer se dirigen a la máquina del tiempo – mostrando el video de la cámara de seguridad en donde aparecemos corriendo.

-        Despejen el camino – ordenó Jonny – no quiero que ningún guardia se les atraviese.

-        Eso es una locura – dijo Elena

-        No – aclaró Jonny – tengo algo preparado para ese granuja en el pasado, seguro tratará de espiarme, pero antes iré personalmente a visitar mi máquina del tiempo, ¿me acompañas?

-        Claro que si jefe – dijo Elena.

Mis amigos y yo corríamos por el pasillo del piso número -3 y estaba sólo, algo no me cuadraba, pero seguimos dando marcha adelante, Irene configuró el tren para que se fuera lo más rápido posible, nos subimos al tren y avanzamos.

-        Debemos retroceder 4 meses al pasado – decía Jorch – para analizar el momento en el que Jonny escribió la carta a Berflowsky, y también cuando manufacturaban la *píldora mágica* para poder desencriptarla y mostrar al mundo el código de la anti singularidad.

Todos salimos disparados del pequeño tren y llegamos hasta el túnel de aluminio de cocina, mientras yo caminaba con mi dispositivo y mi desarmador, al abrir la compuerta del domo que contiene una máquina del tiempo y basura espacial, me di cuenta de que estábamos fritos. Jonny Orozco se encontraba frente a la máquina del tiempo, con todos los guardias del IPCDI apuntando sus armas contra nosotros, nadie replicó nada, levantamos las manos y nos rendimos.

-        Finguerly – dijo Jonny - ¿Quién diría que terminarías así?

Jonny Orozco chasqueo los dedos y dos guardias me sometieron, me llevaron ante él y me obligaron a arrodillarme, Jonny me miró, me tomó del cabello, me obligó a mirarlo a la cara, y dijo:

-        Bueno Finguerly, pues al parecer este es el final de nuestro juego de ajedrez, yo tengo un vídeo tuyo atacando al presidente del IPCDI y su guarda espaldas, ¿tú que tienes?

Voltee a ver a mis amigos quienes me veían fijamente, de pronto me llegó un mensaje de Sam que decía *"debes hacer tiempo"*:

-        Pelotas – respondí.

-        Y cuéntame – dijo – ¿qué tanto considerarías el suicidio si te las quito?

-        Absolutamente nada – dije – por que seguiría teniendo más que tú.

Él se puso rojo cómo tomate y ordenó a sus guardias:

-        Retírense.

Los guardias de seguridad me soltaron y siguió:

-        ¿Por qué no repites aquello que hiciste en los premios nobel? – dijo Jonny recordando vagamente cómo un montón de ráfagas de líquido inteligente le hicieron morder el polvo.

Él sabe que en estos momentos puedo controlar el líquido inteligente de toda la ciudad y darle su merecido fácilmente, pero si lo hago la gente creerá en su dicho. Mi actualización evolutiva tiene una especie de integridad que me permite controlar la tecnología que se me antoje, incluyendo a otros humanos, todo paranoico pesimista al analizar éstas actividades genuinamente inusuales, les metería en automático la idea al cerebro de que soy una especie de Hormiga Reyna Tecnológica, facultades que definitivamente nadie más tiene. *Estoy atorado (pensé).*

"Ya casi Finguerly" (otro mensaje de Sam), respiré profundo y me dirigí a mi adversario.

\-   No Jonny, no quieras parecer el héroe, ni pretender que existe una estrella en donde yace un agujero negro.

Sentí una especie de tibia plastilina movible en mi pie desnudo, miré levemente, pero no había nada, creí que era mi imaginación, o la falta de sueño (quien sabe).

\-   Es increíble ver como un sin vergüenza – afirmé – se metió en mi laboratorio, robó mi informe sobre la energía negativa – Jonny Orozco abrió los ojos, estaba diciéndole lo mismo que en aquella ocasión.

En algún punto de verdad pensé que no me quedaría de otra, entonces decidí buscar todo el líquido inteligente que pude.

\-   Sólo quiero que me respondas una duda, utilizaste mi informe sobre la energía negativa para crear Ciencias del Tiempo – dije caminando hacia él – pero ¿Qué hiciste con Teoremas del Tiempo de Finguerly?, toda mi vida había pensado que habías resuelto ése teorema, pero tu enciclopedia no tiene nada que ver.

\-   El Teorema del Tiempo Finguerly era incorrecto – afirmó Jonny con una risita – no me sorprendería enterarme que hasta la fecha no has encontrado una partícula compuesta de tiempo. Esas ideas son absurdas.

Mi cerebro no solo se dio cuenta que el líquido inteligente disponible no sería suficiente para detener al ejercito de Jonny, si no que mi cuerpo estaba envuelto de líquido inteligente invisible, reí, la señales que lo controlaban provenían de Sam, por lo que mi cuerpo comenzó a ser envuelto en una membrana de Hobson aún mejor que la que ya tenía.

Una vez más mi ropa comenzó a quemarse como una hoja de papel y mi piel de repente comenzó a brillar, como si una capa de plástico con la textura de una burbuja forrara mi piel café de los colores del arcoíris.

Acto seguido un brillo que tomaba la forma de un aura divina color azul, alrededor a mí, deslumbró los ojos negros de Jonny, y mis amigos y yo comenzamos a volar por todo el domo de basura. Los guardias sin pensarlo comenzaron a dispararnos, pero Sam se había superado a sí mismo, y recibí un mensaje que decía: *"ayer ingresé a tu laboratorio buscándote, pero estabas ausente, y encontré un plano en el cual añadías la manipulación de los gravitones en mi membrana para poder volar sin turbinas, decidí ahorrarte trabajo y fabricar algunas"*. Sonreí, volé a dos metros en frente de Jonny y dije:

- ¿Cuántas veces necesito patearte el trasero para que entiendas? No necesito líquido inteligente, te reto a un mano a mono.

A Jonny Orozco le brillaron los ojos como esmeraldas, y sonrió, se arrancó de la piel la membrana de Hobson que tenía y brincó hacia mí. Mis amigos empezaron a pelear contra los guardias y yo comencé a combatir cuerpo a cuerpo contra Jonny, quien comenzó a destruir las vías del tren que nos traen a este lugar conmigo, cuando se aburrió de arrastrar mi cara por ellas, me pateó el pecho y salí volando por una calle de la ciudad, hasta chocar con un poste. La gente comenzó a correr y a gritar como loca, a lo lejos se escuchaban las sirenas de la policía, entonces dije:

- ¡Muy bien Jonas Brother, vamos a ver qué tan rudo eres en el cielo!

Así que llevé a Jonny volando y lo dejé caer desde mil pies de altura, me relajé un poco y me dejé caer con él, de corazón creí que gritaría, pero se me quedó viendo mientras caíamos, no se veía muy contento, entonces sacó un pequeño cubo color negro que guardaba en su bolsillo, mismo que respondió de inmediato y se transformó en una especie de cuerda, que para mí desgracia era *líquido inteligente (programado)*, mismo con el que me atrajo hacia a él y me dio el más doloroso y punzante puñetazo en la cara que me hayan dado en mi vida, y así comenzó a jugar conmigo como una pelota de ping-pong atada en su raqueta, hasta que en algún momento retomé el conocimiento y comencé a volar en otra dirección. Aunque tenía un traje blindado en mi cuerpo, la quijada me punzaba como si me hubiera atropellado un tráiler, y mientras me sobaba Jonny me tomó del pie y me impulsó hacia abajo, haciéndonos caer en medio de un parque con una extensión considerable de pradera, en la cual como si se tratara de un trapo viejo Jonny me azotó en el piso, haciéndome morder el polvo.

5.   La Batalla de la Máquina del Tiempo.

En el momento preciso en el que me fui siendo arrastrado por Jonny, mis amigos fueron amordazados por decenas de cables de alto voltaje, aquellos estaban compuestos de *líquido inteligente de cobre,* el propósito de éstos es electrocutar, todo aquello fue provocado por un ejército que no solo estaba compuesto de las fuerzas especiales del IPCDI, sino que además, la policía de la ciudad se unió en la batalla, dispuestos a someter a los primeros rebeldes terroristas del milenio, capturarles podría hacer que fuesen reconocidos como héroes valientes durante una década completa. Aquel lugar ultra secreto y desierto de pronto se llenó con centenares de elementos militares, aglomeraciones causadas por cuatro hombres boletinados con la insignia de los más buscados por el presidente del IPCDI. Los cables rodearon el cuerpo de mis amigos y se iluminaron de color naranja vivo, indicando el extremo calor que provocaba el corto circuito que debía electrocutar a aquellos androides, sin embargo el efecto no era el esperado; Sam comunicó en voz alta:

-       Amigos están bloqueando nuestra señal, y Daniel se fue antes de que le explicara cómo funciona el traje. Estas nuevas membranas iban a ser los uniformes de nuestros amigos de ahí abajo, no tenía ningún interés en lanzar mi obra maestra el día de hoy.
La capa que rodea nuestros cuerpos es micro tecnología de la más avanzada, incluso más pequeña que el líquido inteligente más fino.

Pueden manejar la energía con su respiración, piensen en un enjambre de termitas devorando éstos cables.

Al instante, la imagen fue introducida en la mente de mis amigos, y sin querer aquellos cables se iluminaron de un azul celeste brillante. El espectro electrocutó a los guardias, obligándolos a retirar sus ataduras, asimismo Sam explicó:

-       Su traje tiene un pequeño recipiente con *"liquido inteligente ingeniero "*en la suela de su bota, pueden utilizarlo para materializar armas blancas o de calor, sólo necesitan un poco de imaginación.
-       ¡Vaya Sam! – comentó Jorch – finalmente tienes imaginación.
-       ¿Quieres hacer una competencia de imaginación González? – preguntó Sam.
-       ¡Con mucho gusto Hobson! – Exclamó al instante.
-       No son más que unos niñotes – refirió Cristina.
-       Pues a la carga – exclamó Irene.

Cristina Parker fue la primera en crear un arma, de su bota brillante de azul celeste surgió un líquido negro parecido al petróleo, mismo que trepó hasta sus brazos y tomó la forma de un rifle color blanco, enorme, un mecanismo sofisticado que aumentaría el calor de la pluma láser de los Súper Humanos, su potencia aumentará de una manera muy agresiva, ese enorme rifle podría disparar unas ondas de calor con un voltaje tan tremendo que podría poner a hervir la roca. Apuntó el rayo en dirección a un policía y disparó; éste provocó un estruendo sonoro tan obsceno, que la burbuja improvisada de aquel basurero comenzó a temblar, aunado a lo anterior una onda expansiva rodeó el cuerpo de la súper humana como una suerte de anillos calientísimos, y finalmente la luz que provocó iluminó el sitio a tal magnitud que segó a una gran cantidad de elementos de aquel ejército, en la mente de los espectadores más cercanos apareció la imagen de aquél pobre hombre desintegrado en segundos, sin embargo el objetivo abrió un cráter de 2 metros de diámetro detrás del objetivo principal, alguien había desviado ese disparo, y aquello fue gracias a la intervención de Jorch, quien sostuvo el arma firmemente por un costado.

- No puedes matarlo – explicó Jorch.
- ¡Tienes muy mala puntería perra! – exclamó aquel policía.

Cristina frunció el ceño y apuntó de nuevo.

- ¡Claro que sí! ¡Observa! – añadió.
- Noooo – gritó Jorch sosteniendo el arma.
- ¿Por qué no? – preguntó emfadada.
- No lo sé – respondió Jorch – se supone que somos los buenos.
Cristi puso los ojos blancos, y miró al desgraciado haciendo burla, aquel policía era un burócrata que había sido acusado por acoso sexual hace tiempo, brevemente podemos deducir el por qué ella quería aniquilarlo. El doctor Filmness Berflowsky me había explicado que ella quería llegar al cargo de junta directiva en el IPCDI, para depurar las fuerzas armadas de elementos corruptos o de moral frágil de todas las instituciones. Cristina miró aquél ejército, y delante de sus ojos aparecieron decenas de etiquetas de personas acusadas de delitos graves, cuyos casos permanecieron impunes. Sonrió y comentó:
- Está bien González, entonces los heriré de gravedad.
Cristi descendió y comenzó a dar puñetazo tras puñetazo a diversos elementos visiblemente elegidos en las líneas enemigas. Los estruendos llegaron hasta llegar frente a un hombre que dirigía un grupo de súper humanos en la zona norponiente del domo: aquél era el comandante de Guardias del IPCDI, su jefe, todos sus guardias apuntaron hacia ella, y

aquél imponente hombre levantó la ceja y manifestó en voz alta, con amplificadores de voz:

-        Cristina Parker, su comportamiento es inaceptable.

Ella aterrizó bruscamente, levantó las manos y refirió:

-        ¿Sabe que es inaceptable?, Ser tan tremendamente estúpido como para obedecer a un niño de quince años, me pregunto a cuanta gente como usted es capaz de comprar en un día – caminaba hacia él – todos aquí dan por hecho que el Dr. Filmness Berflowsky no regresará, pero ¿saben algo?, él solo se hizo a un lado para probar la fe de sus hombres, y cuando regrese, el IPCDI será reformado de todo aquel que no tenga cerebro para tener un criterio objetivo, y basar sus decisiones y formas de pensar en un veredicto abstracto y poco racional de la Evolución Humana Encarnada.

El comandante le miró y explicó.

-        Usted no fue creada para pensar nada señorita Parker, usted ésta aquí sólo para acatar mis órdenes, y si no se incorpora en nuestras filas en éste instante, ¡se arrepentirá de las consecuencias! – susurró.

-        No comandante, usted sufrirá las consecuencias ahora mismo conmigo – respondió Cristi – y las sufrirá nuevamente cuando regrese el Dr. Filmness Berflowsky.

El comandante miró a Cristi con una cara de miedo, al mismo tiempo que ella se tronaba los dedos y caminaba hacia él. Ciertamente, si alguien conoce los secretos más oscuros acerca del IPCDI, es ella. El resto de súper humanos disparó en conjunto, pero Cristi seguía caminando sin importarle nada, ésta membrana es absurdamente resistente.

En el centro del domo se encontraba Irene, quien intentaba tomar el control de la máquina del tiempo. Ella no sabe pelear muy bien que digamos, pero ésta versión de las membranas de Hobson son tan resistentes que no importa cuánto te disparen con un arma moderna, simplemente no te sucede nada, caminaba con dificultad, y empujaba por los barandales a los guardias como una especie de bestia torpe que camina muy raro, siguió así hasta llegar a los controles del gran telescopio, y se dio cuenta de que estaba calibrado en una estrella específica, una época que tal vez Jonny quería visitar, buscó la manera de quitar el bloqueo de señales para poder comunicarse conmigo.

La *batalla de la máquina* del tiempo al parecer estaba ganada por mis amigos, pero hipotéticamente dos grandes personajes se cruzan en el camino de Irene fuera de la zona de observación; Ruful y Saúl, en la puerta, misma a quien sometieron entre ambos y la llevaron al epicentro de los hechos. Dispararon chispas rojas en dirección de Jorch y Sam. Ellos estaban en lo más alto del domo, disparando dardos tranquilizadores a los guardias y discutiendo con el interesante tema de: ¿a quién se le había ocurrido primero la idea? Asimismo en ese momento Ruful gritó:

\-   Hobson, ¿tu membrana es a prueba de torticolis? Porque estamos a punto de romperle el cuello a ésta mujer.

\-   Depende – dijo Sam llevándose los dedos a la barbilla – define romper el cuello, hay muchos dobles sentidos para esa expresión.

Ruful se puso rojo y refirió:

\-   En toda la extensión de la palabra romper.

Sam giró como un trompo y dijo a Jorch:

\-   ¿Trajiste al gato?

\-   ¡No lo iba a dejar ahí viejo! – respondió Jorch con una expresión tristona.

Jorch abrió un poco su membrana de Hobson, y se pudo ver en su pecho una gran mancha de chicle color azul, él corrió su mano levemente por aquella decoloración, misma que se movió en un ritmo ascendente:

\-   Muy bien Michi, es hora de hacer lo tuyo.

Irene abrió los ojos y dijo:

\-   ¡Oh no González!

\-   ¡Oh si muñeca!

-       No te atrevas

-       Ya me atreví

-       Nooooooo

-       Debes relajarte un poco, ¡Michi a la carga!

El *Splash* que Jorch llevaba adherido en su pecho *(para poder sacarlo del nivel -5 del bunker)*, se despegó de su piel y utilizó su polimerización para fusionarse con Irene, acto seguido, ella se derritió, formando una especie de masa viscosa en el suelo. Ruful y Saúl sólo miraron desconcertadamente como fue que su rehén se transformó en líquido, analizaron un momento lo que acababan de observar y gritaron a todo pulmón.

6.   Fotocopiado Humano

Jorch y Sam aterrizaron enfrente de Saúl y Ruful, llamaron a Michi, y él regresó a la normalidad a Irene, quien estaba casi traumada después de saber lo que se siente ser un líquido literalmente, acto seguido abrió su casco y comenzó a vomitar detrás de Jorch y Sam, Jorch exclamó:

-       ¡Vamos hermano! No quiero transformarte en un líquido y tener que dejarte así para siempre.

-       Tu sumisión no te deja ver más allá de la aniquilación humana – comentó Saúl.

-       Que Daniel no es Tomás, pedazo de porquería plastificada.

Las luces de colores azul y naranja provenientes de los disparos de los guardias que arremetían sin éxito en contra de Cristi e Irene cuyas membranas se veían ya muy abolladas de tantos disparos, ya estaban a punto de llegar al límite de su blindaje. Saúl se lanzó encima de Jorch y ambos comenzaron a pelear, Sam al ver tal acción intentó meterse, pero antes de que pensara en siquiera acercarse, los demás elementos súper humanos del IPCDI comenzaron a acorralarlo. Jorch a pesar de tener la misma fuerza que su hermano ahora que posee esta nueva y mejorada membrana de Hobson, no estaba su margen, simplemente Saúl pelea mucho mejor que él, mismo que pisó el pie de Jorch para que no retrocediera y conectarle puñetazo tras puñetazo en la cara, Jorch lo electrocutó, y llamó a Michi, quien llegó corriendo y brincó en dirección de su espalda, zona que Jorch abrió de su membrana de Hobson y dejó entrar.

- Sam – gritó Jorch intentando abrir más – necesito que me dejes salir de la membrana.
- Jorch – dijo Sam – tal vez no lo has notado pero tenemos la señal bloqueada, no tengo acceso a la red sistemal, además es lo único que nos protege del fuego de estos sujetos rudos.
- No te hagas el tonto – dijo Jorch – le quitaste el parche a Daniel, claramente tu tecnología puede ser hackeada y necesitas analizarlo para mejorar tu seguridad.

Sam hizo una cara de fuchi y dijo:

- Muy bien, lo permitiré pero quítame a estos tontos de encima.
- Para acabar con todos debo salir de aquí, lánzalo.

Sam arrojó mi parche usado en dirección de Jorch, mismo que corrió para alcanzarlo, pero de repente el brazo estiradiso de Ruful atrapó el parche y regresó hacia él.

-        Ahora yo soy tu oponente – dijo Ruful.

-        Vamos – dijo Jorch – si pude vencer a un súper humano que te hace pensar que tú…

Y antes de que dijera más el brazo de Ruful se estiró hasta Jorch y le dio un potente puñetazo en la cara, Jorch perdió el conocimiento un poco y cuando lo recuperó dijo:

-        El hombre elástico pasó de moda hace tiemp…

Y al igual que antes, Ruful volvió a golpear a González en la cara, y justo cuando estaba a punto de darle otro González lo tomó del brazo, lo jaló hacia él y le devolvió su golpe haciéndolo volar hasta el otro lado del domo, Jorch voló hacia él y comenzó a darle la paliza de alta escuela más grande de su vida, hasta dejarlo tumbado en el suelo, el parche que habría la membrana de Hobson calló a 2 metros de donde estaba, Jorch fue tras él, y cuando estaba a punto de alcanzarlo Saúl le calló por encima diciéndole:

-        Tranquilo hermanito, no sabes lo que haces, Jonny Orozco te currará muy pronto.

Jorch volvió a electrocutarlo y dijo:

-        Que no estamos en la singularidad ¡maldito necio!

Más y más guardias comenzaron a rodear a Jorch, mismos a los que elementos de la milicia lunarence comenzaron a unirse a la batalla, y justo en el momento en el que todos abrieron fuego contra Jorch, se puso el parche, y la membrana de Hobson salió volando como la primera vez. En el fuego cruzado sin que ninguna bala tocara a Jorch con éxito, los guardias y los militares terminaron disparándose unos a otros, mientras Jorch escapaba en forma de líquido.

Irene al ver la acción le dijo a Jorch que debía llevarse la máquina del tiempo hacia otro lado, dándole las coordenadas de otra mina de Helio-3 con menos consistencia, pero suficiente para hacer funcionar la máquina.

Así que Jorch fusionado con Michi fueron en dirección de la máquina del tiempo, Jorch se hizo líquido y arrancaron la misma de los tubos de gas, mismo que comenzó a salirse. Jorch hecho ya un volumen de líquido mayor comenzó a irse por el túnel mientras los demás lo seguían volando, Cristi comenzó a colocar bombas en la extensión del túnel y lo hizo explotar, sellando así la única escapatoria de todos adentro, ahora todos estarán más ocupados rescatando a todos los que se quedaron adentro antes de buscarnos como deberían. Los elementos de la policía del resto de la ciudad estaban intentando descongestionar aquel tapón de escombros que dejó encerradas a cientos de personas adentro.

La comunidad lunarence además de ello; mediante la red sistemal estaban haciendo bandos, y las sospechas del desastre del cual nosotros éramos los protagonistas arrasaron con el internet en todas partes. Algunos estaban a nuestro favor ya que simplemente no se comían la historia de Jonny Orozco, cuya credibilidad se desbordaba cada vez más, ya que sabían que cinco de los científicos más reconocidos en la luna, si bien pueden ser altamente peligrosos, no entendían el porqué de tal conflicto con el muchacho que se cree superior al resto de la humanidad. Mis amigos llegaron al campo en donde Jonny Orozco me tenía en el piso dándome puñetazo tras puñetazo en la cara.

La policía seguía a mis amigos por las calles, y al parecer los llevaron directo hacia nosotros, Jonny se puso de pie y mis amigos llegaron apuntando sus armas hacia él, entonces Sam sonrió y dijo:

-       Creo que gané el concurso de imaginación, González.
-       Es un líquido – dijo Cristi – no puede responderte.

Al llegar la policía, amordazaron con líquido inteligente a Daniel Finguerly, mientras Jonny Orozco y sus amigos se iban tranquilamente, o por lo menos fue lo que pensaron. Mientras peleábamos, Sam trabajaba a distancia en su laboratorio controlándolo con el cerebro. En mi época es muy común hacer millones de cosas mientras tu cuerpo se encuentra en cualquier sitio, por eso si tuviéramos la perspectiva de los vecinos de Sam, estaríamos viéndolo en internet luchando contra el maldito sistema, pero si volteáramos a ver su casa, las luces se notaban encendidas y el ruido de fábrica se escuchaba a todo lo que daba. Encontró una manera de usurpar la identidad de las personas utilizando otro tipo de membranas de Hobson, y gracias a ello al parecer si podremos hacer la misión que nos encargó Berflowsky.

7. Camuflaje Genético.

En el año 2023, la primera llegada de colonos astronautas arribó con éxito el planeta Marte para habitarlo, siendo éste uno de los pasos más legendarios de la humanidad, y convirtiendo al ser humano en una especie inter mundial. Y no fue sino hasta milenios más adelante cuando finalmente pudimos llamar a ese planeta el denominado como *"Segundo Mundo Habitable"*, utilizando los grandes avances tecnológicos para enriquecer el planeta con una atmosfera, plantas, mares y biodiversidad, un campo electromagnético artificial, pero claro, todo fue posible gracias a no mucho sino muchísimo dinero en inversión y un grupo de valientes, para que dicho proyecto fuese hoy una realidad. En el momento en el que pensamos en habitar un mundo, hoy en día, considerando el bajo nivel de vida que ofrece el ser uno de los primeros colonos en otro cuerpo celeste, es considerado inconstitucional, pero la luna y marte no son los únicos cuerpos celestes habitados en los que el hombre ha puesto la mira. Otro cuerpo celeste que podría ser habitable hoy en día, haciendo un trabajo sumamente bien hecho, sería *"Poseidón, Luna de Saturno"*, misma que según los archivos del expediente BCJX 009 ha sido tomada por Marte, y también tenemos a "*Titán, Luna de Saturno*" que por las insinuaciones de Saúl, ha sido tomada por el IPCDI en donde se ha montado aparentemente una prisión, que parece ser, que una estrategia clara de poblarla, utilizando como mano de obra los prisioneros que manden allí, con el objetivo de poblarla y aprovechar su atmosfera rica en gases, como fue en algún momento la colonización de la Luna por el control del Helio-3.

Qué curioso es aquél momento en el que los policías detienen a Jonny Orozco y éste sin replicar apenas nada, los acompaña gustoso.

Claramente se darán cuenta que no soy yo, si lo conectan a un vacío virtual o también si le preguntan ¿qué es la realidad?, cosa que tiene que pasar si o si, pero, ¿el juego de inteligencia ha terminado?, creo que no. Los policías entran al IPCDI casi destruido en el que con fuerza meten a Jonny Orozco para que dé sus declaraciones. La anciana secretaria, que lejos de lo que se puede pensar de ella es muy amable por tratarse de uno de sus exjefes, es decir yo. En éste instante ella comienza a abrir su audiencia.

- Hola Dr. Finguerly – dijo la secretaria susurrando – el Dr. Berflowsky regresará en algunos días, tenemos que buscar a toda costa motivos para que permanezca aquí y no se lo lleven a Titán, declare con inteligencia Doctor, yo lo apoyaré de ser necesario.

Jonny Orozco con mi cara, se enojó enormemente y le gritó a la secretaria:

- Mire señorita, más vale que haga su trabajo, y deje de decir estupideces antes de que la despida.
- Dr. Daniel – dijo la secretaria un tanto enfadada y sorprendida – sólo trataba de ser correcta, me va a decir que ¿se rendirá así de fácil?
- Lea mis cargos y no hable más que para cuando se le pide.

La secretaria hizo una mueca y dijo:

- ¡Está bien!
Doctor Daniel Finguerly, acusado por los crímenes de rebeldía, atentado a la información, terrorismo, daños y perjuicios a la infraestructura y por intentos de homicidio a los altos funcionarios de éste departamento.

El Instituto de Prevención Contra Desastres de la Inteligencia, se declara competente para conocer, juzgar y dictar resolutivas para así finalmente, comprobar los delitos de los que se le acusan o validar su inocencia. ¿Cómo se declara?

\-   Culpable de todos y cada uno de ellos.

La secretaria abrió los ojos como platos, miró la cara de seriedad del supuesto Daniel Finguerly, y guardó la grabación de la declaración. Un par de policías rudos contratados por Jonny Orozco llegaron caminando, de manera brusca lo levantaron de las esposas y se lo llevaron por el corredor hasta una puerta de interrogatorio, al entrar, el lugar se ve tranquilo, con mucha luz, y todo pintado de blanco, como si fuera una especie de vacío, lo arrojaron en la silla y él se pegó en la cara con la punta de la mesa. Fuera de lo que se suele pensar fue la mesa la que se rompió y a él no le ocurrió apenas nada, los policías se sorprendieron, atrajeron un poco de líquido inteligente para pegar la mesa, uno de ellos lo sentó en una silla, en los puños de sus manos de ciborgs aparecieron unos picos metálicos cuya función dudosamente será para aliviar la comezón, y dio un puñetazo certero en la cara de Jonny con aspecto a Daniel Finguerly, mismo que apenas se movió, los picos metálicos de los nudillos del policía se volvieron a meter entre su piel, y Jonny Orozco se puso de pie para hablar:

\-   Dudo mucho que alguno de sus primitivos cerebros logre entender el juego, pero debo decir que han hecho un buen trabajo, justamente esto es lo que deberán hacer cuando tengan al verdadero Daniel Finguerly entre sus dedos.

\-   Cállate – dijo el otro dándole otro puñetazo en el cachete – eres psicólogo infeliz, conocemos tus trucos. Aunque no me creas, solo te pegué porque me encanta golpear, y tú eres el único que puede quitar a Jonny Orozco de aquí.

El policía puso los codos en la mesa y miraron a Jonny.

-       ¿Qué dices Finguerly? ¿Te dejamos ir y a cambio nos prometes un puesto permanente dentro de tu asqueroso departamento? Porqué vamos, Jonny dio la orden de mandarte muy lejos, pero, yo opino que cumplas una sentencia de una semana en vacío virtual.

El policía saco los parches de la *anti singularidad* y dijo:

-       ¿Qué te parece si cerramos el trato?

Jonny se les quedó viendo y dijo:

-       ¿Ah sí? Maldito pedazo de basura, ¿Quieres conectarme a la anti singularidad?, anda mal nacido, hazlo para poder darte tu merecido.

El policía asintió y el otro conectó los parches en las cien de Jonny Orozco, mismo que fingió un momento ser afectado por el vacío virtual, recostó su cabeza sobre su mismo hombro, puso cara de idiota con los ojos abiertos y estáticos y comenzó a babear, los policías sonrieron, y comenzaron a reírse como tontos, después de un rato, uno de ellos dijo:

        Bueno, creo que ya pasó algunas horas ahí dentro para reflexionar, desconéctalo.

El otro policía, acercó sus manos a la cara de Jonny Orozco, y justo antes de que lo tocara éste se levantó y dijo:

-       Bueno pedazos de idiotas, ya se rieron demasiado.

Los policías gritaron, acto seguido uno de ellos volvió a golpear a Jonny Orozco en la cara diciendo:

-       Maldito, ahora entiendo, eres inmune a la *anti singularidad*.
-       Debemos llamar al Juez – dijo el otro policía.
-       Tienes razón, el Juez lo pondrá en su lugar.

Uno de ellos hizo viscos, ya que al parecer efectivamente habían llamado al Juez, quien les dijo que tardaría en bajar aproximadamente 10 minutos, y mientras eso sucedía, los dos policías comenzaron a golpear a Jonny Orozco sin parar, como si en verdad le doliera alguno de ellos, pero Jonny es un dramaturgo por naturaleza, y les hizo pensar que de verdad le había dolido para que en el momento de que el Juez se diera cuenta de que era él y lo hiciera tomar su verdadera forma, al par de policías les diera un par de calambres en el culo. Justamente por la ventanilla de la puerta en el exterior se escuchaba el alboroto que estaban haciendo adentro, al detenerse un momento, se escucharon unos golpes con furia que llamaron a la puerta, los policías se vieron cara con cara y uno de ellos exclamó:

-       ¡Es el Juez!

Por lo que ambos dejaron de golpear al supuesto Daniel Finguerly, quien ya tenía moretones en toda la cara, y si, Sam se voló la barba con eso, el Juez de nombre Santiago Rojas, un señor de aproximadamente 54 años, muy sabio al parecer, entró a la estancia, miró al muchacho detenidamente y dijo:

-       Ustedes dos, no tienen idea del problema en el que se acaban de meter.
-       ¿Nos despedirá, señor? – dijo uno de ellos.

-        Yo no – dijo el Juez Santiago.

Miró al muchacho y una luz de flash comenzó a salir de sus ojos, y encendía su vista microscópica, misma que sirve para analizar todo de manera profunda y precisa. Él se sentó a lado de Jonny, tomó un algodón en unas pinzas, mismo que remojó en alcohol y comenzó a curar a Jonny con mi cara, al mismo tiempo que preguntó:

-        ¿Sabes cuál es la parte más difícil de ser un Juez?

-        ¿Cuál? – preguntó Jonny poniendo los ojos en blanco.

-        Que debes tener la razón siempre, y eso es imposible, es por eso que debemos tratar de analizar siempre cada parte de las características de una persona antes de "Juzgarla".

En alguna parte de mi vida, principalmente cuando era joven y me dieron este trabajo, siempre creí tener razón, mi criterio siempre fue estricto y repetitivo, y nunca veía más allá de las pruebas que me presentaban.

En algún momento creí saberlo todo, ser el mejor en mi trabajo, y además tener el poder sobre la gente sólo por ser un Juez, hasta que un día, envié a un joven inocente al vacío virtual, ya que lo evidente apuntó a que era culpable, pero jamás estuve más equivocado.

Tiempo más tarde, mi pequeño hijo de 4 años enfermó de Clerofárisis, una evolución volátil del VIH, la enfermedad no se podía curar, y al parecer nadie podía hacerlo, y justamente un Joven Doctor llamado Kevin McGlagan, lo curó utilizando una oleada de derivados del gas mostaza, pero modificadas genéticamente.

El Joven que condené un año atrás se llamaba Kevin McGlagan, por mantener en secreto frascos que contenían gases no registradas.

Es por eso que antes de juzgar, tenemos que hacernos preguntas, inclusive la respuesta de las más estúpidas tienden a ser la realidad. No hay que sostener un criterio sólo por lo que vemos o sentimos, sino también por lo que no vemos ni sentimos.

- Señor – interrumpió Jonny – me temo que le está diciendo esto a la persona equivocada.

- No – dijo el Juez mientras miraba a Jonny a los ojos – he hablado a la persona indicada, para que quede como prueba, ya para que te puedas ir, respóndeme una pregunta: ¿Qué es la realidad?

Jonny Orozco pensó que era una pregunta muy estúpida pero finalmente le hizo reflexionar un buen rato, y justo cuando parecía que tenía una respuesta lógica, le miró fijamente y respondió:

- La realidad es la interpretación sesgada por nuestro cerebro, de una parte ínfima de nuestro nivel de realidad, que en ocasiones, nada tiene que ver con la realidad fundamental.

- Jajaja que tonto – dijo uno de los policías – todos saben que la realidad es *"Un Montón de Números"*.

- Es una respuesta lógica – dijo el Juez – para alguien que no posee actualizaciones evolutivas, recuerda hijo: Si quieres juzgar a los demás *"El Juez por su Casa Empieza"*. Ustedes dos – refiriéndose a los policías – llenen todo el cuarto de anti singularidad, que absolutamente ninguna máquina sobreviva.

- ¿Oíste eso Finguerly? – dijo uno de los policías - ¡Adiós tecnología!

- Mucha suerte para ustedes dos – les dijo el Juez abandonando la habitación – dándole cuentas a su jefe por la paliza que acaban de darle – añadió.

Los policías se miraron las caras, salieron de la habitación dejando a Jonny Orozco sentado en la silla bien amarrado, cerraron bien la puerta, una luz azul invadió el cuarto y todas las demás luces comenzaron a fundirse, desde dentro mi voz comenzó a gritar, distorsionándose hasta finalmente convertirse en la voz de Jonny Orozco. Los policías totalmente asustados cuando las voces cesaron, entraron al cuarto, que ya estaba a oscuras total, encendieron una luz que emanaba de sus ojos y al mirar directamente a la silla se encontraba Jonny Orozco con la membrana de *Hobson* totalmente quemada a su alrededor, sacando humo. Jonny Orozco con una cara de rabia directamente, y los dos policías contratados por él mismo, experimentaron el verdadero terror después de todo lo que le hicieron y contaron, y de repente Jonny les gritó diciéndoles:

-        Así qué, ¿querían dejarlo escapar para que acabara conmigo?

-        No señor Orozco, nosotros solo hacíamos trabajo de persuasión – se justificaban.

-        Claro – dijo Jonny - ¿entonces soy idiota por dar una definición inteligente sobre qué es la realidad, en lugar de decir que solo son números?

-        ¿No era broma? – dijo uno de los policías – todos saben que es incorrecta su definición señor.

-        Parcialmente – dijo el otro – es en parte correcta.

Jonny se llevó las manos a la barbilla y dijo:

-        Así que la realidad son números y más números, muy interesante, nunca lo había pensado.

-        Así es señor – dijo uno de los policías – nosotros ni nada existiría si un montón de números no nos autorizaran hacerlo.

-        ¿Cómo la realidad virtual?

-        Sí señor, están íntimamente ligadas, es como el internet y la tecnología, existen gracias a los números.

-        Me estás diciendo – dijo Jonny – ¿que lo que pasa dentro del internet y tu maldita prótesis sobre humana es real?

-       Así es señor, forma parte de los niveles de realidad que mencionó usted al principio.

-       Interesante – dijo Jonny mientras se iba de la habitación – suerte en la *corte marcial*, traidores.

Evidentemente, el conocimiento de Jonny Orozco se extendió de una manera exponencial, ya que le hizo entender cosas que antes no entendía, añadiendo un paso muy grande para madurar finalmente, sin embargo, no le ayudó lo suficiente para que desistiera de su plan, él todavía quiere acabar conmigo, pero la única incógnita que en éste momento le invade es: ¿Cuántas cosas debería él mismo de cambiar en su interior?

CAPÍTULO VI

CIENCIAS DEL TIEMPO

1.   La Realidad.

La evolución debería ser capaz de mejorar tras diversas generaciones, aquello que otras especies menos avanzadas no pueden percibir del universo; ejemplificando, un gato no percibe el mismo nivel de realidad que un ser humano, y seguramente un ser humano, no sería capaz de percibir la realidad de igual manera, que la tripulación de la nave espacial que descubrimos hace unas semanas. Cuando alguien piensa en ¿Que es la realidad? Inmediatamente tiendes a creer que es una respuesta fácil, y además todos creemos entenderlo a la perfección, pero mientras más pensamos e indagamos sobre el tema en nuestra cabeza, rápidamente nos damos cuenta que la realidad que nosotros percibimos es una parte estructuralmente pequeña de la realidad, que en ocasiones, nada tiene que ver con la realidad fundamental.

Para entender todo esto, tenemos que situarnos en nuestro punto de partida, y ese es nuestro nivel de realidad. Dentro de la realidad que nosotros percibimos, podemos identificar como real, todo aquello que podemos sentir con nuestros 26 sentidos. Ahora bien, miremos con atención a nuestro entorno, y deduzcamos que nosotros somos reales, las personas que nos acompañan también, el piso lo es, y los objetos que tienes a la vista también, pero supongamos que en el otro lado del mundo, existen otras personas, otros objetos diferentes, otros lugares diferentes e incluso personas que son capaces de apreciarles e identificar todo como real, independientemente de si nosotros podemos tocarlos o verlos, existimos o no podemos sentir una parte de la realidad e identificarlo como real, el todo sigue existiendo.

Otro ejemplo más claro, es si analizamos principalmente nuestro sentido de la vista, y el porcentaje del espectro electromagnético que nuestra vista es capaz de identificar, eso va desde los 350 hasta los 750 nanómetros, denominado como luz visible, el resto no podemos verlo aunque sea real. La realidad es que no podemos ver las señales de radio, los rayos gama, luz ultravioleta, ni los micro ondas, aunque sean reales, y por si fuera poco cosas que no podrían entrar en la categoría de realidad como sentimientos subjetivos como el amor, o las alucinaciones o incluso los sueños serian reales, si es que llegáramos a siquiera pensar que la realidad es todo aquello que podemos sentir con los sentidos, y así podemos llamar a nuestra percepción como nivel de realidad, cotidianamente conocido como terquedad y psicológicamente conocida como tu zona de confort, es decir tu mente te tiene encerrado en una burbuja individual que no te permite ver más allá de tus narices, y hay que pensar bien eso antes de afirmar que tenemos la razón de todo lo que pensamos.

Por si fuera poco eso, tenemos la certeza de que el universo es enorme, y tiene infinitas escalas, para que todos tengamos nuestro propio nivel de realidad. La realidad es que nosotros vivimos en una roca ovalada, que tiene rotación, que orbita una inmensa bola de fuego, que a escalas del universo sigue siendo pequeña, y que va a la deriva en un inmenso mar de energía y cosas extrañas, que escapan completamente de nuestra percepción y que son reales, independientemente si vivimos para conocer de todo aquello algún día, o nos extinguimos ahora mismo, todo eso seguirá siendo real.

Las escalas de la realidad en ocasiones pueden ser entendidas mejor si nos adentramos en un lugar que deforma la realidad, que nosotros podríamos llegar a entender gracias a la Ciencia, y eso es nuestro mundo cuántico. Miremos la palma de nuestras manos con asombro, enfoquemos bien hacia nuestros tejidos, y de ser posible intentemos ver alguna de nuestras células, aunque no podamos, pero imaginemos cual es la realidad para alguna de ellas, siendo seres individuales en conjunto formando otro ser individual más complejo, cuyas extremidades están formadas por otra clase de complejos que si bien algunos no son denominados como vida, tenemos la certeza de que al universo le importa poco lo que nosotros opinemos acerca de la realidad, como por ejemplo la vida hipotética, pero en fin esto ya es otro campo. La realidad está conformada por algo más fundamental y aquello es el mundo cuántico, que son los pequeños ladrillos primigenios que conforman el todo, cuyo comportamiento puede violar las leyes básicas de la realidad fundamental que nos rige aquí arriba y esas son las leyes de la física, esta parte ínfima de la realidad es el mundo de las pequeñas unidades que conforman todo y pueden comportarse como partículas o como ondas, pueden encontrarse en muchos sitios a la vez o ninguno, pueden viajar de un lugar a otro sin pasar por el medio, y crear o desaparecer utilizando la pura energía intrínseca de la nada, hecho por el cual está conformado el todo, y cuyo valor fundamental de realidad es tal que nada tiene que ver con lo que percibimos nosotros como realidad, ya sea que si hablamos de partículas primigenias, o de la composición de la materia, o de tu nivel de realidad, o finalmente aquellos asquerosos problemas de la vida.

Y es por eso que la realidad puede simplificarse en números, el todo está conformado por números y más números, como la ecuación que acabamos de simplificar, real es lo que conforma el todo, de lo que conforma el todo, de lo que conforma el todo, ¿a qué potencia? Me atrevería decir que infinito o cero; que a estas alturas puede ser considerada como la misma cosa, el todo está conformado por la nada y lo único que puede hacer que todo eso sea posible son los números, y si lo dices al revés o en cualquier orden, estúpidamente puede tomar el mismo resultado.

Jorch y yo tenemos la creencia de que cuando estás borracho, eres capaz de sentir más niveles de realidad, además de que puedes entender la física cuántica, ya que estamos hartos de que nos digan la frase de: *"Si puedes pensar en la realidad cuántica sin marearte, es porque no la entiendes".*

Hablando de borrachos, se mira una hermosa noche en la zona de los bares de la noche eterna en la luna, y justamente podemos observar un pleito entre una reconocida figura de la ciencia, que calló en los más recónditos y oscuros sitios de la depresión y otro tipo que ¿a quién le importa quién es? Bueno en fin, regresando al pleito ambos hombres borrachos estaban peleando por una mujer, para ser exactos fue gracias a que nuestro héroe ahogado en alcohol le dio una palmada en el trasero a la bella chica sin su consentimiento, lo que despertó la ira del novio, que al parecer también ya está ahogado de tanto trago. El espectáculo que estaban dando dentro del bar al parecer despertó el morbo de las personas de la rumba eterna, es por eso que dicen que esta zona de la luna es la perdición para cualquiera que no tenga la fuerza de voluntad suficiente para salir. La gente gritaba alrededor de ellos, con billetes en mano y trago en la otra, el hombre tira al científico al piso y conecta un par de patadas en la cara hasta hacerle algunos moretones, el sujeto que yace tirado en el suelo se llama Court Slim, ex inventor de tecnología de punta del IPCDI, despedido por llegar en estado de ebriedad a una junta directiva. Court trató de ponerse de pie, tratando de recuperar el conocimiento, entonces, la multitud decide cargarlo, lo llevan hacia la ventana, y lo arrojan como si se tratara de un ariete, que atraviesa la ventana y cae en la banqueta de la calle, de cara, con su orgullo y dignidad rotos, lo único que no se rompió fue la botella de wiski que abrasaba como si fuera un bebé, sin importarle apenas nada la paliza que acababan de darle, se sentó, se recargó en la pared y le tomó a su botella, cerrando los ojos con mucha pasión, entonces un temblor comienza a invadir la zona, un sujeto a lo lejos grita: *"Lunamoto"*, y justo delante del hombre al que acaban de dar una paliza, una gran cantidad de un líquido extraño, de color metálico, y algunas partes rojo, por la sangre de Jorch y Michi, pasó y se fue así como llegó, con otros cuatro sujetos volando atrás de él. Los ebrios del lugar, se quedaron con la boca abierta, lo digirieron un poco y volvieron a sus ocupaciones sin que apenas les importara en algo lo que acababan de ver, todos excepto Court a quien al parecer se le había bajado lo ebrio, y así sin más encendió un cigarrillo y se fue caminando en dirección del rastro que habíamos dejado.

Nosotros salimos del domo que protege la atmosfera de la ciudad del vacío mediante una compuerta especial de emergencia, teníamos que sacar a González sin que muriera por el vacío, así que lo encerramos en un campamento portátil que encontramos y salimos cargando todos juntos.

Al llegar a la mina casi abandonada de Helio-3 para conectar la máquina del tiempo, buscamos una agrupación de gas y así poder aprovechar esos grandes bocados de energía, Jorch se quedó adentro del campamento en lo que Sam hacía llegar otra nueva membrana hacia él, y comentaba:

- Todas estas membranas le costaran muy caro al IPCDI.

- Deja de llorar – dijo Cristi – recuerda que corres el riesgo de irte a la cárcel, no recibir nada a cambio y ser recordado como uno de los 5 tipos más tontos de la historia.

- Podría ser peor – dije – podría ganar Jonny, hacer enfadar a los marcianos y luego destruirían todo lo que conocemos.

- Veo un problema radical – dijo Irene – no tenemos capsula.

- Pues no es necesaria, los trajes pueden resistir la antimateria igual que la capsula.

Ensamblar la máquina nos tomó un santiamén, Irene de inmediato comenzó a recalibrar los controles para el viaje, entonces me habló:

-        Daniel, tienes que ver esto – yo me acerqué – antes de que llegáramos, la maquina estaba calibrada en ésta fecha, ¿tiene alguna relación contigo?

El año en el que estaba recalibrada la máquina era el año 4984, una fecha que solo me provoca escalofríos.

-        Para mi si, aunque no sé si tenga el mismo significado para él - dije mientras mis ojos se humedecían.

-        ¿Y qué sucedió en esa fecha? – preguntó Irene.

-        Mis padres pasaron a formar parte del universo: - respondí.

Cuando tenía tres años, justamente el día en el que mi padre me hizo el regalo, y me operaron con éxito el cerebro, por primera vez me dejaron pasear libre por la calle, ellos sabían muy bien que a partir de ese momento tal vez no necesitaría de ellos, que sobreviviría a las circunstancias, pero nadie se imaginó que ellos si necesitarían de mí.

Mi padre era el PRECIDENTE del Departamento de Antropología y de Historia Universal y Mundial, en aquellos entonces solo tenía a su cargo una única asistente, su hermanita Gina Finguerly de 15 años.

Ese día llegó un extraño, con un par de videos de dudosa procedencia y un aparejo que manipulaba una alta cantidad de radiación, y le dijo que lo que tenía en las manos era una autentica máquina del tiempo.

Mientras charlaban mi madre llegó y los tres se encerraron en la sala de juntas para que el sujeto les demostrara cómo funcionaba, al presionar el botón, una gran explosión ocurrió en el piso 38 del DTAHUM, matando a 3 personas e hiriendo a una docena, ese día al enterarme de la noticia, no hice si no correr a buscar a Gina para saber si estaba bien, pero mis padres estaban muertos.

10 años después no hice otra cosa más que tratar de inventar aquella estúpida máquina del tiempo, y logré un teorema que explicaba que es el tiempo, su comportamiento y sus variaciones como dimensión.

Me iban a dar el Premio Novel al mejor niño científico de los mundos pero un niño llamado Jonny Orozco se enteró del caso Finguerly, y quiso contribuir a mi investigación de buena voluntad, pero así como el troglodita que no supo controlar su fuerza, Jonny no controló su cerebro, y así finalmente terminó robándome el premio, me enfurecí, lo golpeé y ahora nos odiamos.

-        Vaya Finguerly – dijo Irene – eso no lo sabía.

-        Es normal, al final el karma regresó y me excluyo de la ciencia por mucho tiempo, el mundo poco a poco comenzó a olvidarme, así como a otros prodigios de la ciencia juvenil, como también lo fue Jorch. Lo conocí a los 14, llegó al DTAHUM un día con intenciones de cambiar al mundo, rechazado de todos lados, principalmente de la CORPORACION PÚLSAR y de la DEFENSA MUNDIAL, desde entonces nos volvimos mejores amigos y nunca nos separamos.

Irene hizo un poco de silencio en señal de respeto.

-        Entonces, Finguerly – preguntó Irene – a ¿qué fecha quieres viajar?

-        4 meses al pasado – respondí.

-        ¡Miren! – dijo Cristi mirando algo negro que llegaba volando – llegó la membrana de Jorch.

La cosa voladora calló al piso haciendo un chillido parecido al de un ser humano, todos nos asomamos, logramos ver a un sujeto en un muy mal estado de salud, que portaba un traje de minero espacial, por lo que todos decidimos meterlo al campamento.

Al dejarlo caer sobre la mesa, y quitarle su casco para poder observar su rostro, el sujeto abrió los ojos, se sentó en la mesa como si nada y dijo:

-        Hola amigos, ¿ustedes son los del alboroto de las noticias?, son fenomenales. – el sujeto sacó su botella de wiski y le dio un trago – Ustedes han destruido el IPCDI, y debo decirles felicidades, maldito sistema corrupto y culero – el sujeto le tomó a su botella nuevamente.

-        Si qué bonito – dijo Sam – ¿quién eres?

-        A quien le importa – dijo Jorch – el sujeto trajo wiski, ¿me das un poco?

El sujeto le dio la botella y Jorch sin pensar le dio un trago, entonces yo lo empujé, se la quité y dije:

-        Espera, espera, no te la acabes – y le di un sorbo yo también.

Mientras Jorch y yo nos peleábamos por el wiski, Sam le dijo.

-        Está bien, trajiste wiski pero, ¿quién eres?

-        Mi nombre es Court Slim.

-        ¿Court Slim? – dijo Irene – era el inventor del IPCDI, Berflowsky lo despidió antes de que llegaran ustedes.

-        Soy el mejor inventor que el mundo ha conocido – dijo Court.

-        Eso lo dudo rotundamente – dijo Irene – este tipo es un fracasado.

-        Muy bien – dije – bienvenido al club de los fracasados, ¿sabes manipular una máquina del tiempo?

-        No – respondió.

-        Pues ahora lo vas a hacer, Irene explícale todo.

-        Claro que si – dijo ella – venga conmigo Dr. Court.

Irene y Court se fueron, Jorch se puso la membrana de Hobson y acarició un poco a Michi a quien explicó:

-        A partir de aquí seguiré solo mi amigo.

La calibración de la máquina del tiempo estaba hecha, Irene se quedará con Court manipulando la máquina del tiempo, las luces rojas se encendieron, la voz de Tomás una vez más volvió a decir: "*Partícula del tiempo encontrada*", y el infierno de energía comenzó. Antes teníamos una capsula que nos protegía, pero ahora tenemos que caminar hacia la destrucción por nuestra cuenta, Sam, Cristi, Jorch y Yo, como la primera vez, nos tomamos de las manos, miramos el infierno, cerramos los ojos, nos armamos de valor y corrimos hacia allá gritando, y desaparecimos.

2.   Teoremas del Tiempo.

Al igual que con la realidad, el tiempo parece ser algo que a todos nos parece tener claro que es, hasta que lo pensamos, y sí, pensar en eso implica terminar con el cerebro hecho pura gelatina, mientras arrojamos humo por los oídos. La definición que todos creemos tener del tiempo es que es aquello que nos empuja hacia adelante sobre los hechos que percibe nuestra vida, y al universo generalizado. Lo que se suele pensar es que es una medición creada por el hombre con base de las variaciones que tiene el universo y los cambios constantes que este toma para que la estructura fundamental de la realidad pueda existir. Podemos considerar que el tiempo como dimensión no espacial, no puede existir ya que ni siquiera podemos detectarlo, lo cual supone una contradicción brutal, lo que consecuente que nuestra existencia y la del todo es solo una ilusión. Pero estamos conscientes de que existimos y que viajamos a través de él, formando parte del universo y los constantes cambios por su obra y gracia, y cabe recalcar que a estas alturas en las cuales podemos viajar a través de él mediante la *supersimetría*, no tenemos ni la más remota idea de que carajos es, o bueno, yo sí.

Con base en ello, podemos suponer que es otro lugar del universo, ya que podemos viajar al pasado, volteando la *supersimetría* de los ladrillos primigenios de nuestra realidad como calcetines, y resolviendo el por qué aquellas partículas pueden viajar de un lugar a otro sin pasar por el medio, ya que simplemente se voltean, viajando por aquel remoto lugar y aparecer de repente por el otro extremo, pero el tiempo no es una dimensión espacial, y en concreto no estamos viajando a través de él directamente, sino más bien a través del espacio que no es afectado por las influencias cambiantes del tiempo.

Para ello tenemos que entender que el universo tal y como lo conocemos, no posee la suficiente masa como para que sea viable. La *supersimetría* propone que todas las partículas primigenias deberían tener una gemela súper simétrica, que aumentaría la masa del universo al doble, y el problema común que tuvo esta teoría por milenios, es que sin importar cuantas pruebas se lanzaran para poder comprobar la existencia de las súper simétricas, nunca tuvieron éxito, y la respuesta fue que simplemente una de ellas no se encuentra presente en las tres dimensiones espaciales en las que vivimos, sino que se encontraban en las tres espaciales, que componen la papelera de reciclaje de materia del universo, y a través de las cuales, podemos observar el pasado como presente con su respectivo equilibrio universal, y es por eso que no podemos alterar directamente el tiempo de aquella parte de la realidad, ya que si lo hiciéramos, la *supersimetría* se encimaría una con la otra, haciendo que dos partes de dos dimensiones estructuradas de forma equilibrada, aumentaran su valor al doble, y consecuentando con ello, que haya dos partes de la misma cosa utilizando el mismo espacio.

Yo por mi parte, me atrevería a catalogar el tiempo, en la categoría de energías, que podríamos almacenar y utilizar, teniendo un poco de imaginación, pero, ¿cómo podríamos hacerlo?, podríamos situarnos en el atracador por excelencia de energía del universo, y aquello es la gravedad, como ya lo pudimos comprobar con el agujero negro del pasado que intentó comerse materia anulada del presente, debido a que la gravedad puede absorber toda clase de energía, llámese espacio, tiempo, luz, o lo que sea, da igual, él gustoso se comerá todo lo que le des, y con ello tal vez podríamos utilizarlo como una especie de arma.

Los agujeros negros pueden comerse todo aquello que tenga una masa, y puesto que incluso antes de saber que los hoyos negros deformaban el tiempo, porque uno de ellos intentó comernos, ya sabíamos que la gravedad deforma el tiempo. Pero ¿podemos suponer que el tiempo tiene masa? Pues es complicado, ya que no tenemos la certeza de que existan partículas primigenias que conformen directamente al tiempo, pero sin embargo, yo no dudaría en quemar los libros de física, ya que considero que el tiempo es la mesa sobre la cual se desarrolla el bufet del todo y que además tiene masa.

Mis amigos y yo caímos de cara en la mina abandonada de Helio-3 en esta sección de la luna, e inmediatamente tuvimos que dar partida en un viaje de dos horas hasta la tierra volando con únicamente nuestras *membranas de Hobson*, para así poder llevar a cabo la misión que nos encomendó el Dr. Filmness.

Al llegar a Antiguo México muy agotados por el largo viaje, más aparte las horas sin dormir, sumándole a todo las batallas que habíamos librado, todos coincidimos en que teníamos que dormir un poco, cosa que Irene nos autorizó ya que tenemos mucha energía negativa a nuestro favor. Y decidí invitar a todos a mi departamento, al llegar ahí, logré verme a mí mismo en el pasado, con mi cara de depresión, tratando de recrear Ciencias del Tiempo desde mi casa, Jorch me tomó del hombro y dijo:

-       Lo lograste hermano.

Lo miré fijamente y lo abracé, mientras le decía, muchas gracias por estar conmigo amigo, y al voltear a verme de nuevo, logramos notar a Sam analizando los diagramas de mi escritorio y siguiendo los análisis sobre mi cara, hizo una expresión extraña y dijo:

-       Sí que te ves deprimido Finguerly, al parecer has invertido mucho tiempo de tu vida tratando de descifrar el tiempo.
-       Así es – dije – era la única forma de volver a ver a mis padres.

-       Aún estamos a tiempo – dijo Cristi – Irene guardó las coordenadas de la estrella que te llevará a ver a tus padres por si la pedías de nuevo.

-       Me temo que no lo haré – dije – sólo me deprimiría más, y debo aceptar de una vez por todas que se fueron para siempre.

-       Al menos despídete – dijo Jorch.

Puse una cara de nostalgia y dije:

-       ¡De acuerdo!

Hubo un silencio absoluto por unos momentos en el cuarto, mismo que fue interrumpido por Jorch cuando dijo:

-       ¡Sigo odiando la pintura de tú departamento!

Lo miré poniendo ligeramente los ojos en blanco y dije:

-       Me lo has dicho un millón de veces, González.

-       Lo sé – dijo – pero me encanta molestarte con eso. ¡Sabes se siente raro estar por aquí y no poder tomar wiski!

-       Contrólate Jorch, estamos en medio de una misión.

-       Yo creo – dijo Sam – que tenemos que dormir un poco.

-       Claro – dije – duerman en donde sea, de todos modos no podemos gozar de la comodidad de una cama aquí.

-       En fin – comentó Cristi recostándose en el suelo – Buenas noches, de todos modos no se siente el piso.

-       ¿Dormir flotando? – dijo Sam recostándose en el rincón – bueno, esta vida es para hacer de todo.

Al acostarme en mi cama, porque algo bueno tenía que sacarle a la situación, me quedé pensando en: *"Ojalá Jonny Orozco no nos haga una visita inesperada por aquí mientras dormimos"*, luego miré hacia la ventana y me vi echando un poco de agua a las plantas de mi jardín, con la cara tristona y depresiva de siempre, sonreí y me dije a mi mismo: *"Ánimos amigo, lo lograrás".* Y así sin más caí dormido por el sueño.

En nuestra ausencia, los contadores burócratas del IPCDI, tenían atorado a Jonny Orozco discutiendo sobre los gastos y costes que el Instituto no cubrirá:

-        Las reparaciones al edificio terminarán en una semana señor Orozco – decía uno de los contadores – nuestro liquido inteligente hará el trabajo rápido y limpio, pero los costes de los materiales no deben ser cubiertos por el IPCDI.

-        Claro que no – decía Jonny – Esos gastos serán descontados del pago de este mes de nuestros fugitivos, y si llegara a faltar dinero, los haremos pagar, por lo pronto reparen con el presupuesto interno, no podemos dejar todo así.

-        Dr. Jonny – dijo otro de los contadores – al Dr. Filmness Berflowsky puede que no le guste mucho el desastre que se ha hecho en su gestión.

-        Filmness Berflowsky no se encuentra aquí – gritó Jonny – en este momento yo soy el jefe de ustedes, y deben obedecer, no cuestionar, ahora vayan a hacer su trabajo que para eso se les paga.

Elena entró a la habitación, con una cara preocupada, miró a Jonny quien estaba sosteniéndose la frente dándose masaje y dijo:

-        Jonny, debes dormir un poco.

-        Ese tonto se llevó mi máquina del tiempo a quien sabe dónde.

-        Bueno – comentó Elena – hay algunos rumores entre los zombis de la rumba eterna, dicen que vieron pasar un líquido extraño con cuatro androides volando atrás de él.

-        ¿Conoces la ubicación? – preguntó Jonny

-        Si – dijo Elena – ¿quieres ir tras ellos?

-        ¡No! – dijo Jonny – les daré el gusto de verme de nuevo el día de mañana.

-        En realidad – dijo Elena – ya es mañana Sr. Jonny, querrá decir por la tarde.

-        ¿Qué hora es?

-        Las 5:00 a.m. Aquí nunca anochece señor, si quiere ver la noche puede ir a…

-        Ya sé a dónde ir – gritó Jonny a Elena – no es la primera vez que vengo.

Elena puso una cara de fuchi, luego sonrió un poco porque ya sabe cómo es Jonny, lo tomó de la mano y se lo llevó a descansar. Al llegar al hotel donde se hospedaban, primero pasaron a la habitación de Ruful, quien estaba muy golpeado y sin un brazo. Jonny pasó corriendo y se arrodilló un poco para verle la cara, entonces le acarició el cabello y dijo susurrando:

-        Descansa mi gran amigo, hoy peleaste valerosamente.

Elena jaló a Jonny del brazo, mientras le decía:

-        Debes descansar, ven.

Jonny se encerró en su habitación, y comenzó a meditar el día que había tenido, pensaba también acerca de lo que había dicho el Juez, y se preguntaba si este era el caso en el que se debió de haber tenido un buen día pero se tomaron malas decisiones. Por primera vez en su vida, comenzó a reflexionar acerca de los errores humanos, que a su vez, aceptó como suyos, y por si fuera poco en el fondo reconoció que la inteligencia no te brinda el conocimiento del todo, y se preguntaba qué decisiones tendría que tomar por la mañana, ya que dar marcha atrás de lo que acababa de comenzar, era provocar su propia aniquilación; ¿es mejor salvar tu pellejo de las personas que te quieren aniquilar porque tú mismo lo provocaste? O ¿perdonar a los inocentes, aun sabiendo que te comerán vivo? Aunque la respuesta suene sencilla, tomar la decisión no es nada sencillo, necesitas ser una persona con un alto nivel de escrúpulos, es posible que no los suficientes para Jonny.

3.   Tecnología de Otra Dimensión.

Mis amigos y yo decidimos comenzara a espiar a Jonny en la CORPORACIÓN PÚLSAR, se suponía que su hora de entrada a las instalaciones es a partir de las 8:00 a.m. pero Jonny Orozco llegó hasta el mediodía, cosa que nos hizo enojar a todos, pero sabemos también de qué persona se trata. El chico llegó justamente con su guarda espaldas Ruful, pero nos extrañó que la periodista no llegara con él, y se nos hizo muy extraño a todos que una persona que aparentemente acababa de conocer accediera a participar en sus siniestros planes, simplemente es descabellado. Ruful se quedó fuera de su oficina parado, poniendo una cara extraña, como si pretendiera dar miedo de una manera muy tétrica, al traspasar las paredes y mirar el comienzo de su vida laboral, aprendimos que justamente acababa de llegar de la luna, el chico sacó algunos aparejos e hizo un holograma el cual nos mostró su primer viaje al pasado lejano, recuento que fue cuando fue a ver algunos acontecimientos importantes de la segunda guerra mundial.

-       Yo manipulé la máquina ese día – dijo Irene desde el comunicador – no volvió a la luna, de hecho se trajo la capsula hasta aquí y la abandonó en una costa de Antiguo México, en Veracruz para ser exactos, yo me molesté un poco y le dije que habría que devolver la capsula al punto de origen, luego me gritó: *"Cierra la boca negra estúpida"*, y los técnicos del IPCDI tuvieron que fabricar otra, fue la primer capsula que perdió. Nunca supe que fue lo que vio en el pasado, al parecer por fin lo sabré.

-       ¿Recuperaron la cápsula? – preguntó Jorch

-       No, creímos que la CORPORACIÓN PÚLSAR la había recogido, pero no quedó ni rastro de ella, al parecer se destruyó.

El vídeo comenzó con un enfoque desde el cielo al campo de concentración de Sachsenhausen, Alemania, en donde gente, trabajaba en diversas labores. Jonny Orozco se mira llegando al campo de concentración, adaptando una actitud prepotente: llegó con un sombrero mexicano, bermudas con palmeras estampadas, y en sus pies un dispositivo que empujaba su cuerpo en la nada levemente para simular un suelo y una máscara de oxígeno. Salió de la capsula, respiró profundo y dijo: *"Ah, Berlín, un buen lugar para vacacionar"*. Justamente en ese momento, se notaban personas esclavizadas trabajando para conservar sus vidas, en una época en que las atrocidades humanas fueron graves, y un chico, con altos indicios de racismo llegó para sentirse en casa, a un costado se notaban dos guardias hablado, inmediatamente me di cuenta de qué círculo social era el que Jonny había elegido, tomó su lápiz y su libretilla en la mano y con una sobre actuada y tonta actitud, poniendo cara de idiota comenzó a tomar nota de todo lo que los guardias conversaban.

Unas horas más tarde, Jonny se dio cuenta de que la vida de los guardias era aburrida, además de que hablaban estupideces racistas a un nivel muchísimo más elevado del que Jonny se pudiera imaginar, tomando en cuenta de que su misión era grabar en persona los genocidios que se practicaban en ese horrible sitio, a todo color, para luego lucrar con aquél material, y no son inventos míos, es lo que expresaba su plan de trabajo, pero dicho con palabras más bonitas. El muchacho decidió ir de tras de un viejo con barba larga, estaba muy pero muy flaco, a su vez intentaba llevar con una carretilla, un montón de ladrillos que a penas y podía con ellos, Jonny Orozco corrió atrás de él y comenzó a gritar cosas como: *"Vamos, tu puedes campeón, ánimo"*, no identifico si en modo

sarcástico o verdadero, la expresión de su cara era neutral. El pobre
señor ya se miraba muy agotado, las gotas de sudor de su frente
pasaban a ser cascadas, el sol se veía a tal magnitud que seguro todos
se estaban rostizando, pero Jonny se estaba congelando, y es que al
parecer su fuente de calor no le era suficiente para lidiar con el frío
extremo de la materia anulada, entonces lo vimos ir corriendo a la
capsula a buscar más calor. Al meterse a la capsulase dio cuenta de que
no podía restaurar su temperatura, ya que su cuerpo, es resistente
debido a la Evolución, pero ya estaba resistiendo un frío tremendo, por
lo que pararlo es difícil con una simple calefacción, así que Jonny Orozco
como es de costumbre tenía que cargar consigo una máquina anti
singularidad, cambió su composición básica para traerse calor de la otra
dimensión, cosa que a todos nos dejó con la boca abierta, todo aquello
simplemente utilizando energía negativa con la que se detiene el
tiempo.

Tenemos que hacer una pausa, ya que el chico pausó el video de su
aventura y se enfocó la imagen en el esclavo que Jonny estudiaba, y que
miraba fijamente en donde Jonny estaba parado, como si tuviera
conciencia de que algo lo está mirando. No es cosa de sorprenderse de
que a Jonny en este punto le diera un poco de paranoia, ya que sabe
perfectamente que si él puede ver al hombre esclavo, tal vez alguien
podría verlo en este momento y no se equivocó. Acto seguido escribió
en su escritorio una frase, que a todos nos hizo sentir un escalofrío
inmenso, la oración decía: *"Ustedes que me observan, tengan cuidado,
la curiosidad mató al gato"*, el chico comenzó a mirar de un lado a otro
de manera paranoica, se sentó lento y una vez más volvió a dar play,
comenzó a acelerar la parte en la que su cuerpo recuperaba el calor, se
puso una ropa más decente, ya que irónicamente, a pesar de que ahí
fuera había sol, a él no le llegaba esa energía ya que ni siquiera un simple

fotón puede estar fuera de su lugar histórico, así de precisa es la programación del universo.

Jonny regresó a ver al mismo ancianito del principio pero ahora sin su actitud infantil y bien abrigado; a quien obligaron a arrastrar el cuerpo de quien parecía ser un amigo. Conforme pasaban las cosas el anciano calló rendido al suelo por el cansancio, un guardia rápidamente llegó a donde se encontraba y comenzó a gritarle *"Levántate holgazán, no es hora de descansar"*, el viejecito, por más que se esforzaba no podía levantarse, por lo que los guardias despiadados, llamaron a otros prisioneros para que lo sometieran y amarraran a un poste, acto seguido, cruelmente rompieron la ropa por la parte de su espalda, y comenzaron a dar tremendos y abusivos latigazos hasta dejarlo en el suelo no sólo agotado si no también moribundo, acto seguido, como si no fuera suficiente tortura azotar a un señor de la tercera edad, lo esposaron por la espalda y lo colgaron en un poste con un grueso fierro y ahí lo dejaron hasta el anochecer, escena que a todos nos hizo caer en llanto, incluyendo a Jonny Orozco del video. Cuando por fin lo bajaron, uno de sus amigos: un joven que al parecer había llegado al campo de concentración recientemente ya que se notaba con buena salud y en forma le dijo que era hora de dormir, Jonny Orozco se arrodilló hasta quedar a su altura, lo miró a los ojos y le dijo: *"Eres muy fuerte, levántate y sigue, que este no es el final, saldrás de aquí pronto"*, palabras que Jonny escuchó de uno de los guardias, que citaban la frase de: *"Finalmente lo liberarán el día de mañana"*.

Así pues Jonny lo acompañó hasta su dormitorio en donde se veían pequeñas literas, de tres pisos, sin colchón, en donde ponían a dormir a tres o cuatro esclavos en tan reducido espacio, y el viejito, ya con tanto dolor en su espalda por los azotes a penas y pudo conciliar el sueño. A la mañana siguiente, Jonny regresó a primera hora ya con una cara de inmenso trauma a tratar de documentar más de lo que pasa en la vida de esta persona, siguiendo con el caso el viejito se levantó, se puso sus harapos y un guardia llegó a decirle: "*Hoy es tu día de suerte amigo, hoy te largas de este asqueroso sitio, ve a las duchas para que por fin puedas ir con tu familia*". Jonny Orozco puso una cara de alivió y felizmente comenzó a grabar cada detalle del rostro, de la inmensa felicidad que el señor desplegaba, caminó hacia las duchas y mientras Jonny Orozco gustoso y feliz le grababa, un gas extraño comenzó a caer del techo, el señor, desnudo y aterrado, comenzó a correr rápidamente a la puerta junto con el resto de personas que estaban ahí, pero ya era demasiado tarde, las puertas estaban cerradas por fuera, y esa aterradora escena terminó con los lamentos de aquellas personas a las que se les había prometido la libertad.

En la grabación se escuchaba una voz que no pertenecía a los esclavos que suplicaba cosas como: "*No por favor, no, ¿Qué han hecho? ¡Estúpidos!*", esos lamentos pertenecían a Jonny, que tras mirar el cuerpo muerto de una persona a la que al parecer ya había tomado cariño, no resistió, corrió hacia la capsula llorando, y vimos el momento preciso en el que volando hacia Antiguo México gritó a Irene: "*Sácame de aquí maldita sea*", a lo que ella respondió que debía regresar a la luna, y el hizo el comentario racista que ella nos platicó, acto seguido, se nota como al llegar a la costa, mira su máquina anti singularidad que usaba como calentador, comenzó a arrojar un gas extraño de color naranja, y ese es el momento en el que aparentemente la capsula explota y el cae en la playa de cara, ahí concluyó su vídeo.

La habitación se llenó de un silencio incomodo, un rato más tarde llegaron a su oficina un viejo conocido de Jorch y mío, se trataba de Damián Hoffman y un sargento de la Defensa Marciana, de nombre Nicolás Díaz, amigo de Damián quien al parecer sirve como espía para la CORPORACIÓN PÚLSAR. Damián llegó con un vídeo en el cual yo me encontraba charlando con González y diciendo que estudiaría su carrera, por lo que comenzaron a tomar cartas en el asunto para evitar a toda costa que yo lograra viajar al pasado algún día, poco tiempo después el Sargento Nicolás mostró a Jonny una supuesta carta, escrita por el Secretario de la Defensa Marciana, y efectivamente fue en ese momento cuando comenzaron a idear su siniestro plan:

-        Caballeros, es claro que ustedes no confían en los planes del IPCDI para lidiar con este asunto, y claro que puedo intentar una nueva alternativa – decía Jonny – si tuvieran que elegir entre perder su vida, así como la de sus familiares o su *actualización evolutiva* ¿qué decidirían?

-        Definitivamente perder la actualización Jonny – dijo Damián – pero ¿qué tiene que ver eso con el proyecto BCJX 009?

-        Este documento dice claramente que la *Bala Espacial* solo puede ser desplegada mediante tecnología de identificación digital, así que yo propongo que apliquemos anti singularidad masiva en los mundos para así dejar inservible su legendario proyecto nuclear, y todos los que se les pueda ocurrir.

-        Eso suena radical – dijo Damián – sería tonto deshacernos de la tecnología.

-        ¡Claro que no! – dijo Jonny – me tendrían a mí para enseñarles a volver a utilizar de nuevo su cerebro con autonomía.

-        ¿Volver? – preguntó Damián confundido – ¡explícate! – añadió.

-        Volver – dijo Jonny – ustedes traen en la cabeza un parásito que no hace más que alterar su autonomía, obviamente es algo que solo puede identificar alguien que tenga la suficiente conciencia como para analizar hacia que sitio va encaminada la humanidad. Hoy ustedes creen tener el control sobre todas las cosas, pero que sucederá cuando realmente dejemos de ser útiles, para que esas cosas se deshagan de nosotros, y sigan construyendo su mundo ideal sin nosotros ¿eso es lo que quieren? ¿de pronto convertirse en la parte más inútil del complejo?

- Tal vez te creamos hijo – dijo Nicolás – pero necesitamos un poco más de evidencia para que el SECRETARIO DE LA DEFENSA MUNDIAL lo apruebe, aunque debo decir que se reirá en nuestra cara.

Damián se le quedó mirando y dijo:

- Nicolás, él tiene un plan para hacer que el secretario finalmente ponga cartas en el asunto.
- Hay alguien más – dijo Jonny – que puede ayudar a lograr todo esto descartando la DEFENSA MUNDIAL, y ese es el Dr. Filmness Berflowsky.
- Jonny lo que quiero que me expliques – dijo Nicolás – Es cual es el argumento que darás para fundamentar tu "creencia" de la singularidad encubierta. No me digas que es algo que se te acaba de ocurrir y das por hecho, tienes pruebas, ¿no es así?

Jonny se le quedó viendo y dijo:

- No Sargento, no tengo pruebas pero sé cómo conseguirlas, para eso necesito construir otra máquina del tiempo, ya que el IPCDI es muy estricto con sus protocolos misionarios.
- Y por qué no – dijo Damián – enviar una carta al Dr. Filmness Berflowsky para que te autorice la misión. Puede ser que el anciano que quiere mantener todo controlado entienda sobre la estrategia.
- Ese viejo en su vida aceptaría.
- No pierdes nada con intentarlo – dijo Nicolás.

Jonny Orozco comenzó a escribir la carta que Filmness Berflowsky nos había mostrado, la escaneó y la envió sin más preámbulos, yo pensé: *"Acabas de cometer el mayor error de tu vida, maldito"*, entonces Nicolás dijo:

-        ¿Pero cómo puedes probar que la singularidad nunca terminó? y además ¿cómo lograrás hacer que las masas te crean?

Jonny Orozco una vez más miró a los costados y dijo:

-        Tenemos que hablar en mi casa, en privado.
-        Pero aquí estamos en privado – dijo Nicolás
-        Más en privado todavía – respondió Jonny

Jonny, Damián y Nicolás se fueron a la mansión Orozco, y nosotros nos fuimos volando atrás de ellos, tratando de estar al tanto de lo que hablaban en el viaje, pero por más que Nicolás trató de hacer que Jonny le dijera que sucedía, éste no cedía, y así finalmente llegaron a la mansión Orozco, bajaron las escaleras en dirección al laboratorio de Jonny, nosotros los seguimos con intriga y al cerrar sus puertas una luz roja en la pared se encendió, Jonny invitó a sus invitados a sentarse, y dijo en voz alta:

-        Ustedes espíritus malignos que me siguen a todos lados, y son causantes de las malas vibras que me acompañan, dispérsense, que este campo que se acaba de activar acabará con toda la *supersimetría* presente en este cuarto, no es homicidio si por aviso se advierten las zonas minadas.

Damián y Nicolás se le quedaron viendo raro y susurrando cosas como: "*Cree en los fantasmas y en los espíritus, típica paranoia de los humanos no actualizados*". Yo por mi parte abrí los ojos como platos y grité:

-        Salgan de aquí, éste sujeto va a matarnos.

Mis amigos y yo casi sin ninguna oportunidad, nos arrojamos agresivamente fuera del campo *anti supersimetría* que Jonny Orozco activó en ese momento del espacio tiempo, nos tendió una trampa, desde antes de que iniciara la guerra, ¡brillante! Una nube de color negro invadió la habitación nublando todo lo que contenía y sucedía dentro de ella. Y mis amigos y yo salimos girando con el corazón latiendo a toda su capacidad. Al mirar a los costados sólo faltaba uno: *Samuel Hobson*.

Yo me quedé inmóvil, sin apenas poder digerir lo que acababa de suceder, tratando primero de ser optimista y pensar que no era cierto, a pesar de que Cristi comenzó a gritar y a llorar como loca, los segundo, luego una docena de minutos, pasaron para que yo reaccionara a las cachetadas que me estaba dando González para que reaccionara, entonces me llegó un correo, con un vídeo y una nota que decía:

"Amigos, decidí quedarme a resistir la anti supersimetría, para finalmente poder descubrir los planes malévolos de Jonny y salvar el mundo, por favor, recuérdenme pero no sufran por mi ausencia, ya que al final esto era lo que yo quería que pasara, desde hace ya mucho tiempo.

La vida, dejó de cobrar sentido, y ni el más sabio psicólogo sabe decir con exactitud qué forma tiene la depresión, al final, espero que mi muerte sea algo que beneficie a miles de personas, y no simplemente ser una carga en los corazones de las personas que me quieren, hasta pronto. – Hobson, ganador de los premios González a la imaginación."

Todos comenzamos a llorar, y a llorar muy fuerte, tal vez por horas y es que, en ocasiones me he sentido así, por un momento, lo entendí y lo envidié, pero también me di cuenta del daño que le haría a las personas que aún tengo a mi alrededor, y que me quieren, así como nosotros quisimos a Samuel Hobson.

-       ¡Hasta la vista Sam!

4.   Anomalías en Nuestros Tiempos.

Mis amigos y yo, sin apenas poder creer que acabábamos de perder a Sam. Volábamos hacia la luna, mientras eso sucedía, comencé a revisar la conversación, que Sam logró grabar antes de morir, y parece ser que Sam estuvo vivo por mucho tiempo ahí dentro, bien pudo haber salido de allí sin problemas, bien alguno de nosotros pudo haber entrado rápidamente a sacarlo, ¡eso! nos destruyó aún más.

Una luz anaranjada se comenzó a desplegar en el lente de la cámara, y la energía parecía distorsionar un tanto la imagen, sin embargo se escuchó la conversación muy claramente, Damián y Nicolás al principio dieron por loco a Jonny, estaban a punto de irse. Jonny al principio les dijo que se largaran, o tal vez podría contarles una explicación, al enterarse de la anti supersimetría y las bases del espionaje a través de Ciencias del Tiempo habría que ser muy cauteloso con lo que hablan, incluso en privado, Damián y Nicolás se sentaron y Jonny Orozco comenzó:

-       En el año 3012, tras el descubrimiento de la prótesis sobrehumana, que posteriormente se convertiría en la mente de prácticamente toda la población mundial, se crearon 3 primeras prótesis que sustrajeron de la inteligencia artificial Tomás, mismas que fueron guardadas como joyas auténticas. Una de ellas fue Insertada en la mente de mi antepasado Carlos Orozco, las otras dos, no se pusieron a disposición de la ciudadanía, si no que permanecerían en mi familia hasta que naciera el niño más inteligente que jamás hubiera conocido mi linaje, pero tal situación no era posible ya que superar el coeficiente intelectual de Carlos era casi imposible.

Mi padre Ralph Orozco vino a Antiguo México a pasar las vacaciones en algunas propiedades que había comprado, como lo son la mansión en donde vivo y otras cerca de zonas costeras, llegó recién divorciado de su esposa, y únicamente con su pequeño hijo Liam, y aquí mismo conoció a mi mamá justamente el un día y lugar antes de la tragedia Finguerly.

Mi padre llegó al DTAHUM con intenciones de deshacerse de la actualización de Tomás que había pertenecido a mi familia por siglos, para que se exhibiera en el museo del ya mencionado DTAHUM, con el argumento de que se la iba a poner a Liam, pero este quería ser un *súper humano*, y la actualización de Tomás no sirve para los *súper humanos*.

El PRESIDENTE DEL DTAHUM, Mauricio Finguerly recibió a mi padre como un viejo amigo y presentó a su pequeño hijo como el niño más inteligente de la historia, ya que a escasos 3 años, ya hablaba 4 idiomas diferentes y podía hacer ecuaciones sencillas, cosa que impresionó a mi padre y en lugar de donar su actualización de Tomás al museo, decidió venderla al PRECIDENTE DEL DTAHUM, misma que le pusieron al niño al día siguiente, y justo después ocurrió la tragedia del sujeto, la máquina del tiempo, y la explosión que dejó huérfano a un niño de 3 años.

-       Si, la historia me la sé de memoria – decía Damián – ¿qué tiene que ver con la singularidad?

-       Que esa actualización – dijo Jonny – es como la hormiga reina que puede controlar a todas las obreras, por esa razón Finguerly es capaz de controlar casi cualquier cosa que tenga microprocesador, si se lo propusiera, que lo hará algún día, el será la aniquilación de toda la humanidad.

-       ¿y eso como lo afirmas? – preguntó Nicolás.

Jonny Orozco puso sobre la mesa dos fotografías.

-       Este de aquí – dijo – es el tipo que mató a los Finguerly, y este de aquí es Daniel Finguerly.

Damián Hoffman levantó las cejas por el asombro de ver que ambos éramos idénticos.

-       Tal vez pensarán – dijo Jonny – que lo que les digo son puras patrañas, pero este sujeto se trae algo raro y al parecer fue capaz de cambiar el pasado con algún plan siniestro, tal vez algo en lo que Finguerly se convertirá, pero no sabía que su plan le iba a explotar en la cara, ya que gracias a esa explosión Ralph Orozco conoció a mi madre quien trabajaba en el DTAHUM, y nací yo para detenerlo. Lo único que debo hacer es ir a la fecha de tragedia Finguerly, y estudiar bien cuáles eran sus verdaderas intenciones.
-       Pero el sujeto de la tragedia Finguerly – dijo Damián – Murió junto con ellos, sería un plan estúpido.
-       No Damián – dijo Jonny – se encontraron los cuerpos de los Finguerly, pero no del atracador, de él no quedó ni rastro, así que pasaron dos cosas:
1.- Hizo un acto de terrorismo suicida en el pasado para evitar algo.
2.- Hizo un acto de terrorismo para matar los únicos seres sobre la tierra que lo pudieron haber detenido y que además, su máquina del tiempo, si funcionó y mejor que la mía.

Ellos incluido yo, y mis amigos digerimos lo que acababa de decir Jonny, entonces comenzó a sonar la voz de Sam que decía, dentro del video: *"Daniel, No vayas a ceder por ningún motivo a lo que acabas de escuchar, por lo que más quieras, ¡eres un gran hombre! Y ambos sabemos que no tiene razón, que mi sacrificio no sea en vano"*, después de escuchar eso, mis ojos se llenaron de lágrimas, y Sam comenzó a gritar ya que su membrana había sido destruida por la anti supersimetría, y comenzó a desaparecer, comenzando a quemar su piel y así capa por capa hasta terminar en el esqueleto. Todos comenzamos a llorar, llegamos a la luna y entonces Jorch dijo:

-	Irene, sácanos de aquí.

Pero ella no respondió, y Jorch volvió y volvió a decir lo mismo hasta que nuestra supersimetría comenzó a volver a la normalidad, el mundo a nuestro alrededor comenzó a distorsionarse, y aparecimos justo en la mina donde comenzó nuestro viaje, donde Jonny Orozco, nuevamente estaba esperándonos a todos, pero ahora sin un ejército, sólo él con Saúl, Ruful y Elena, y al fondo, Irene y Court amarrados.

5.   La Batalla en la Dimensión del Frío.

-        ¡Finguerly! – exclamó Jonny – espero que hayas encontrado la purificación, ya que al parecer saliste ileso. La pregunta es: ¿Con cuanta información?

Lo miré fijamente y dije:

-        ¡Me estás juzgando por algo que no he hecho, ni pretendo hacer! Además, no has probado que el sujeto que asesinó a mis padres sea yo.

-        No es necesario – dijo Jonny – son cosas que ya todos sabemos.
-        ¿Qué tal si lo comprobamos? – pregunté – hay que ir a esa fecha, si resulta que fui yo quien mató a mis propios padres, permitiré que me mates, o que hagas lo que tú quieras conmigo, pero dejarás a mis amigos fuera de esto, si no es así desistirás de todo lo que estás haciendo.
-        ¿Y por qué – preguntó – aceptaría tal cosa? Si puedo arrestarte ahora mismo.
-        Porque aún puedo darte una paliza – respondí – pero soy un hombre de palabra.

Jonny Orozco sonrió, y exclamó:

-        ¡De acuerdo!

Jonny liberó a Irene y Court, quiénes encendieron la máquina del tiempo, Court estaba aún muy borracho, pero aun así replicaba que el juego se volvía bastante rudo, me pregunto, ¿Cuál será su reacción? cuando se entere que de verdad corre peligro su vida.

El equipo Orozco y el equipo Finguerly regresamos a ver lo que ocurrió el día 11 diciembre del año 4984, sin embargo no logramos conseguir la hora exacta de la tragedia, así que llegamos 10 horas antes de que todo sucediera, así mismo Jonny Orozco se tomó la molestia de traer una capsula, en la cual llegamos rápidamente a Antiguo México y aterrizamos en una costa de Oaxaca, ya que Jonny quería relajarse un poco, típicas decisiones de él.

Duramos aproximadamente dos horas en aquella playa, aún de noche, el amanecer estaba a punto de suceder, dentro de la reflexión que se desataba en aquella costa, y aprovechando las horas de tregua finalmente decidí acercarme a razonar con mi peor enemigo, me senté a lado de él y dije:

-       Escucha, sé que tal vez no debí golpearte en los Premios Novel, y si te sirve de algo, lo lamento.

Jonny hizo una risita y contestó:

-       Sabes Finguerly, si no tuvieras un futuro tan oscuro y amenazante, tal vez me caerías bien.

Parece ser que la situación marchaba a la perfección, pero estamos hablando de Jonny Orozco. Colocó un parche explosivo en mi espalda y me sacó disparado de la membrana de Hobson en dirección del mar. Mis amigos al ver lo acontecido tomaron acción, Cristi fue detrás de mí con un traje del tiempo obsoleto (que sacó de la capsula), ya que no hay objeto que me pare, además de que no tengo oxígeno. González reaccionó inmediatamente, y comenzó a pelear contra Jonny, Ruful y Saúl al mismo tiempo.

Yo iba volando por el vacío, a cada instante congelándome, Cristi rápidamente me detuvo y me metió al traje, que parecía de astronauta de los años 2000, sin calefacción. Y me dejó flotando en el mar abierto, ya que en esta ocasión no podré participar en la pelea. Cristi aumentó la capacidad de sus propulsores, fabricó de nuevo el potenciador de rayo láser y voló como misil a la playa.

Ruful, ahora con un brazo nuevo y mucho mejor, logró alcanzar a González, y lo enrolló para sofocarlo, y sí, esta vez sí podía con su fuerza, Jonny se acercó con otro parche para hacerlo salir a él también, pero en ese momento Cristi llegó y le disparó a quemarropa en el estómago, cosa que apenas lo hacía retroceder, Cristi al ver que no resultaba como quería, apuntó a su rostro para quemar su máscara de oxígeno, misma que se quemó, pero Jonny aguantó la respiración, y sin máscara de gas se arrojó contra ella, la tomó del tobillo, Ruful sostuvo bien a González, y comenzaron a golpear al uno con el otro, abollando de manera exponencial las *ultimas membranas de Hobson*.

Justamente en el momento en que iban a chocar de nuevo, González logró zafarse un brazo, le dio a Ruful un codazo en la cara, y lo soltó. Jorch reaccionando rápidamente le dio a Jonny un tremendo puñetazo en el estómago, que generó una onda expansiva que avanzó en diagonal hasta desaparecer a 12 metros de distancia, su oponente tenía la guardia baja, le sacó todo el aire, y además no tenía máscara de oxígeno.

Jonny Orozco estaba neutralizado por un momento y a lo lejos, en donde se encontraba la cápsula se miraba Elena quien venía volando con otra máscara para Jonny. Jorch atravesó el suelo, viajó hasta donde estaba ella y le salió por abajo, quitándole la máscara y dejándola inconsciente con un leve golpe en el cuello. Por otro lado Cristi estaba peleando de nuevo con Saúl, mismo que no pudo darle mucha pelea, ya que sí, ambos son los *súper humanos* más avanzados jamás creados, pero Cristi llevaba una *membrana de Hobson de combate*, cosa que le hacía poder tratar a Saúl como trapo viejo.

La situación al parecer estaba controlada, el único elemento fuerte que tenía el equipo de Jonny era Ruful, ya que Saúl estaba fuera de combate, Elena inconsciente, y Jonny neutralizado; o al menos eso fue lo que pensamos, y es que al parecer mis amigos estaban tan distraídos que Jonny logró llegar volando hasta la cápsula, en donde se puso una máscara de oxígeno, respiró un poco, y justo cuando Cristi iba a disparar su rayo láser para volver a quemar su máscara, él sacó de la capsula un dispositivo programado, el cual tenía la forma de un cubo de aproximadamente un metro cuadrado de grosor, que rodeó su cuerpo, con un traje robot, que tomó la forma de una armadura medieval metálica de color negro, con modalidades cibernéticas trabajadas con nanotecnología, luces que iluminaban su rostro y ojos de color rojo, parecido al de las *olimpiadas*, era mejor que la membrana que tenían Cristi y Jorch, ya que esta está equipada con armas de destrucción masiva, y modalidades capaces de alterar el comportamiento de diversas moléculas cuánticas, para generar explosiones nucleares y así mismo crear medios de radiación parecidos a los de un coalicionador de partículas.

Yo me encontraba escabulléndome de todo por abajo del piso, para llegar a donde estaba mi membrana, ya que en los bolsillos tenía mi salvación, pero para mí desgracia, me encontraba muy lejos y moribundo.

Jonny Orozco comenzó a volar hasta el cielo. Jorch de alguna manera comenzó a desarrollar un rayo láser igual al de Cristi, y ambos desde el suelo dispararon en dirección de Jonny, quien detuvo los rayos haciendo una especie de escudo con su *líquido inteligente programado*. Cristi y Jorch se enfurecieron aún más, así que decidieron volar hacia él, e intentaron darle un puñetazo, pero antes de que siquiera pensaran en acercarse, Jonny comenzó a dispararles auténticos misiles nucleares (como los que se tragó Liam en las olimpiadas), pero reales, que los hicieron volar hasta el suelo, detenidos por su propia membrana, que ya estaba más que deteriorada, ellos estaban ya muy agotados.

Yo finalmente logré llegar hasta mi membrana muerta, tomé con mucho trabajo mi dispositivo, abrí el zipper de mi traje de astronauta antiguo, y lo coloqué en mi pecho, lo único que se pudo apreciar de ese instante, fue una mancha de agua expandiéndose en mi torso, como una gota de tinta en algodón, cabe destacar que una gran cantidad de oxigeno se escapó y se fue como burbuja.

Jonny, logró verme desde arriba, por alguna razón no me disparó un misil, entonces aterrizó, puso su casco enfrente del mío y me dijo escribiendo en él: *"Como en todo buen final, debe haber un agujero negro que mirar. Prepárense para ser espaguetizados"*. A lo lejos de donde comenzaba la jungla se abrió un agujero negro pequeño, que Jonny hizo aparecer disparando millones de partículas, mediante orificios especiales en la espalda de su traje, y que chocaron en un punto estúpidamente exacto, lo cual ocasionó que la gravedad de aquellos millones de ladrillos primigenios estrangulara la materia y finalmente dio como resultado una pequeña explosión y después un agujero negro. Yo contesté su mensaje escribiendo también en mi casco de astronauta: *"¿sabías que el tiempo puede utilizarse como arma?"*, entre el vidrio de su casco polarizado se notó que abrió los ojos como platos, rápidamente me disparó con un lanza llamas, mismo que comenzó a quemar todo mi traje espacial, y al momento de hacerlo, se logró ver una *membrana de Hobson* muy pero muy avanzada, que brillaba como si fuera un sol incandescente, ésta si simula mucho mejor los entornos desde adentro como la actualización de Hobson verdadera, además de ello utiliza la misma forma de consumir energía que la nave espacial VORTEX 3846, eso quiere decir que mientras más energía la golpee, más sobre carga sus baterías. El traje como tal, está forrado junto con sus baterías de un material extraño que encontré en una cueva de cuando jugaba a ser antropólogo, dicho material en análisis es tremendamente moldeable, pero indestructible a no sé qué punto; y eso combinado con mi capacidad de controlar tecnología que no me pertenece, me hace pensar en: *"no sé qué nivel de peligrosidad tengo ahora"*, tomé el control de su lanzallamas e hice que él mismo se quemara la cara. Me levanté y dije:

-        ¿Quieres ir por el tercer raund Orozco?

El inmediatamente retomó el control de su coraza robótica, y comenzó a gastarse conmigo todas las armas con las cuales estaba equipado su traje robot, desde misiles que explotaron como bombas nucleares en espacios concentrados (que podrían romper a la mitad una isla, pero no provocan ondas expansivas de alto alcance), hasta explosivos con radiación que dejarían severos daños en mi código genético si llegara a tener exposición indirecta. Cuando finalmente se quedó sin municiones, estiré mi brazo y como un holograma, un rifle de un metro y medio se materializó en la palma, éste también fue creado por mí con el mismo material que mi membrana, éste rifle está diseñado para absorber y disparar una especie de energía específica: Tiempo. Es una muy mala idea acercar éstos dos instrumentos a un agujero negro.

-        Con esto podría mandarte a la edad de piedra literalmente, ¡pero mejor hagamos que madures, niño rico!

Y disparé una especie de ondas de colores que le petrificaron, oxidaron su traje hasta volverlo polvo y sin querer, algunos chocaron con su cuerpo, una persona normal habría muerto, él envejeció un par de años, unos 4 para ser exactos, ya que le salió una barba. Jonny se quedó flotando ya sin protección, más que neutralizado y congelándose. Subí mi arma y exclamé:

-        ¡Todo terminó, yo gané!

Jonny me miró con una especie de cara con vergüenza, luego Jorch interrumpió:

-        Oye Einstein – refiriéndose a Jonny – ¿ya viste que tu estúpido agujero negro se está llevando arena del pasado?

Jorch y Jonny comenzaron a desaparecer, tomando el aspecto que tiene la *supersimetría* al restaurarse, pero esta vez lento, Jorch se miró las manos, luego volteó a ver a Jonny y le gritó:

-        *¡Efecto mariposa!*[8] Nos mataste, incluyéndote a ti, ¡nos volviste inciertos!

El agujero negro comenzó a llevárselos (sin espaguetizarlos), la última señal que logré captar de mi mejor amigo fue la frase de: *"Orozco ¡eres un idiota!"*.

Yo ni siquiera creía lo que estaba pasando, me quedé petrificado, entonces una inmensa luz me cegó, y aparecí en el DTAHUM, en el mirador, con un montón de gente que no conocía aplaudiéndome, abrí mi casco, la gente susurraba cosas como: *"El mejor científico de la historia"*, *"¡Bien hecho Finguerly!"*, *"Eres el mejor"*.

Una imagen peculiar se logra apreciar al frente, caminando entre la multitud, dos rostros que jamás podría olvidar, aquellos, eran mis

---

[8] Situaciones provocadas por minúsculas variantes en el espacio tiempo, que provocarán resultados sorprendentemente diferentes con el pasar del tiempo, teoría propuesta por el novelista Ray Bradbury en 1952.

padres. Me tallé los ojos, y luego ellos me abrazaron, me dio un escalofrío, de verdad estaba sintiendo sus cuerpos abrazándome, por un momento pensé que estaba teniendo alucinaciones, por otro lado llegué a pensar que todo lo que acababa de vivir había sido un sueño, la gente murmuraba que hice un viaje a través del tiempo, por si fuera poco tenía un recuerdo de mi creando la máquina del tiempo, descifrándolo, y una vida normal con mis padres en ella, dos copias de recuerdos en mi cerebro, cada uno, con vidas diferentes. Mi cerebro tratando de protegerme, me decía que imaginé mi aventura con Jonny y la máquina del tiempo, sin embargo, la evidencia apuntaba a que no era como mi loquero planteaba, al mirar mi vestimenta, aún tenía los residuos de mi traje de astronauta antiguo, quemado por Jonny Orozco.

Me di cuenta que se acababa de formar una paradoja, con alguna especie de efecto mariposa que evitó que mis padres murieran, aquí están ellos, están bien, nadie los mató.

Estoy confundido, la gente me llamó al escenario de aquella gran celebración, sin poder apenas creer lo que sucede, con el cerebro y la actualización de Tomás como un laberinto, arrojando humo por los oídos, miré a esos seres que perdí, orgullosos y felices. En ésta realidad, al fondo, se encontraba Gina, feliz y no tan amargada, pero ni rastro de González y tiene sentido, es 3 años menor que yo.

La gente me pedía un discurso, y yo, con un inmenso trauma y desorientación, apenas pude lograr decir al respecto:

-       ¡Yo soy Daniel Finguerly, creador de Ciencias del Tiempo! ¿A qué precio? ¡A quién carajos le importa!

FIN DE LA PRIMERA PARTE.